社労士が書いた

介護「人財」の採用・育成・定着のための職場作り

コンサルティング支援の実践

社会保険労務士・人事コンサルタント　林 正人 著

はじめに

私が社会保険労務士を開業したのが2012年３月のことでした。それまでは約30年の間一般企業に勤務していたため，社労士としては経験，人脈，顧客すべてがゼロからのスタートでした。

自らの企業人としての経験と人事労務の知識を基に起業しましたが，最初の３年間は，もっぱらお客様からのお仕事をいただくことに腐心しておりました。

そんなときに，社労士としての専門分野の方向性として現実味を帯びてきたのが「介護業界（福祉業界）」への特化戦略でした。その切っ掛けを作って頂いたのは，ある法人の理事長との出会いでした。理事長からは，介護業界の人材に関して多岐にわたるご相談をいただき，私はその時に初めてこの業界の人材問題に関する深刻さと難しさの一端を知ることができたのです。

まさに，自分の過去の経験とは全く異なる次元での人事労務問題であり，この問題に対処するには，我々社労士が事業所に深く関与し，課題解決に向けて支援することの重要性を痛感いたしました。

それから現在に至るまでの間，業界知識を学ぶ一方で，現場における人事労務問題を事業者とともに考え，課題解決に向けた支援を一貫して行ってまいりました。

また，2014年から2018年までの４年間，法政大学政策創造研究科の坂本光司教授研究室に所属し，「人を大切にする経営学」を学ばせていただきました。研究室では，坂本教授や同じ研究室の仲間とともに，経営の現場に直接伺い，数多くのすばらしい中小企業経営者の方々とたくさんのご縁を頂戴し，「人を大切にする経営の本質」について学ぶ機会をいただきました。

今後も引き続き，ここで学んだ知識と経験を介護・福祉業界の発展に貢献できるような形で，事業所支援に活かしていきたいと考えております。

本書では，主に社会保険労務士の方々および介護事業を経営されている事業者の方々に向けて，介護業界の「人財」に関する課題と私が行ってきたコンサルティングの支援内容を「制度」と「風土」の双方の視点で，できる限り具体的に記述いたしました。

これから介護業界の発展のために支援を行う社会保険労務士の方々，そして介護事業者の方々に役立てていただければ幸いに思います。

2020年６月

林　正人

目　　次

第Ⅲ章　「働きやすさ」の創出
　～職場環境改善への取り組み

第Ⅳ章　社労士ができる介護「人財」の採用・定着・育成支援策

第V章　介護事業所への人事制度（キャリアパス制度）の支援

第 I 章
人を大切にする経営

私は，社会保険労務士として仕事を始める以前，ある企業に勤務しておりました。学生から初めて社会にはいり，最初の10年間はとにかく遮二無二に仕事をし，社内，社外を問わず仕事での信頼関係を作ることに必死で働いておりました。今から思えば，その頃の毎日は失敗と学びの連続で，もっとも「働きがい」を感じながら仕事をしていたような気がいたします。

しかし，時間の経過とともに，従来感じていた仕事のやりがいが徐々に薄れ，また会社の経営にも疑問を感じることが多くなりました。またそれに伴い，組織への帰属意識も希薄になっていくような状況でした。そんな時，サラリーマン生活も後半を過ぎた頃，子会社への出向を命じられ，子会社の社長の責務を遂行するようになったのです。

そこでは従来から疑問を感じていた「経営の在り方」について，小規模ながら自らが会社を執行する立場で考えるようになりました。親会社からの指示は，「とにかく業績回復を」「社内コンプライアンスの徹底を」といった内容ばかり。残念ながら，そこで働く人の意識やモチベーションに関する問題意識はほとんど感じられない状態でした。

このような経営を続けていても親会社が求めているものは，一向に改善されないままでした。そんな中，追い打ちをかけるように社内不祥事（労務問題）が起こり，さらに会社は厳しい状況に置かれました。そのことが私自身の転機となり，今までの親会社に向けていた視線を，社員に向けるようになったのです。

社員はいま何を感じ，何を求め，何のために働いてくれているのか。今からすれば，社員の意識調査などで経営者がアンテナを張ることはめずらしくありませんが，当時はそのような経営者の意識レベルは非常に乏しいのが実情でした。

そこで私は，徹底して社内のコミュニケーションを活性化させることから始め，多くの手段やツールを用いて，社内のコミュニケーションの量と質を活性化させることを目指しました。私自身も社員全員と面談を行い，自分の会社への想いや社員への期待像を伝えるとともに，社員一人ひとりの想いや期待像を聞くことを徹底して行い，その内容を極力，社員全員で共有化できるように努めるなど具体的な仕組みの変更を次々に実行していきました。そして半年から１年ぐらいして，なんとなく社内の空気感の変化を感じることが出来るようになると，その変化は日常の積み重ねである社員の表情や動き，そして挨拶や笑顔や整理整頓など，当たり前のことが当たり前にできるようになってきたのです。そうなると社内の人間関係のトラブルも徐々に減ってくるようになり，会社の業績も，一連の改革を始めてから３年後には紆余曲折はありながらも，改善の兆しが見え始め，経営の安定と組織の活性化につなげることが出来ました。

経営者が持つべき経営の軸として，何がもっとも大切なのだろうか，自身の経験から得たものは，「それは株主（親会社）でも，顧客でもなく，自らの会社の社員であり，社員第一主義であるべきという確信」でした。

社員第一主義とはどのような考え方なのか。それは，会社から社員にその充足感を与えることがまず必要です。それは，心地よく働ける環境や正当で透明性のある評価，互いの信頼関係などです。社員第一主義を実践できるようになると，どのようなことが起きるのか，それは社員がお客様のことを考えるようになるのです。自分が得ている充足感を他者にも与えようと考えるようになるからです。

会社はお客様によって支えられていることにも，心底，思いをいたすようになります。お客様がいないと，会社が存続できなくなる。つまり自分を大切にしてくれる会社がなくなることに気づいてくれるようになるのです。こうして考えると会社⇒社員⇒顧客⇒会社⇒社員⇒顧客……という循環になっていきます。会社が社員を大事にすることで，社員がお客様を大事にする。社員から大事にされたお客様は，その社員のいる会社を大事にしてくれる。こういう循環となるのです。

会社が社員を大事にしないと，どういうことが起きるでしょうか。まず何より考えられるのは，部下が上司にゴマをするようになることです。信頼されていなく，正当な評価も受けていないとなると，上司にゴマでもすって，よく見てもらおう，取り入ろうという思いを抱くようになるからです。残念ながら，日本の多くの企業で，こうしたことが起こっています。そのような会社の未来は暗いと言わざるをえません。

社員第一主義の思想を実践することで，社員は仕事を通じて「自らの幸せ」を追求することが可能になり，そのゴールに向けて仕事に取り組むことができれば，だれでも「働きがい」をもって働くことが出来るはずです。

しかしながら，最近の調査結果の「働きがいに関するアンケート」を見ると，今，働きがいを感じている人の割合は，なんと53％しかなく，残り47％の人は働きがいを感じることが出来ていないということです。すべての人は幸せになるために働いているはずです。その仕事に人生における時間の大半を仕事に費やしているにも関わらず，このような数字になるということは極めて深刻な問題といわざるをえません。

それでは働きがいのある経営を実現するためには，どのような経営を行えばよいのか。人を大切にする経営学会会長である坂本光司先生は次のように指摘します。それは人間の働きがいを醸成する，五つの条件を充実，強化することであると。

第１に「いい職場」の存在です。

いい職場とは，いい組織文化や組織風土を持つ会社であり。外部の人に「いい会社に勤めていますね」といわれるような企業を指します。いい職場に所属しているだけで，働き甲斐は高まります。

第2に「いい仕事」の存在です。

いい仕事とは，その仕事を通じて，自分が成長できる実感が湧いてくるとか，その仕事を通じて世の為，人の為になると思われるとか，仕事が楽しいとか，人から感謝される仕事のことを指します。逆に，その仕事に価値を見つけることが出来ない場合，働き甲斐などは感じられません。たとえ，いい職場であっても，毎日の仕事はつまらなければ働きがいは高まりません。

第3に「いい上司」の存在です。

いかにいい職場，いい仕事であっても職場の上司の姿勢や，その関係性に問題があったならば，働き甲斐は醸成されません。良い上司とは，信頼できる人，誇りに思える人，尊敬できる人，目標にできる人，そして敷居が高いのではなく，近い存在の人です。会社，全体に不平不満を感じても，いい上司によって働きがいが高まる社員がいることも事実です。良い上司の存在は，いい職場にするためにも極めて重要な要素なので，改めて詳述いたします。

第4に「いい仲間」の存在です。

いかにいい上司がいたとしても日常的に仕事を一緒に行うチーム，仲間との関係がギクシャクしていたら，働き甲斐は低下します。それどころか毎日出社すること自体がつらくなるかもしれません。いい仲間とは，連帯感や仲間意識が強く，助け合える，人柄の良い，まるで兄弟姉妹のような人です。いい仲間がいれば，たとえ仕事が大変であったとしても，上司との関係性がギクシャクしていたとしても，救われる気持ちとなり，また頑張ろうという気持ちが湧くものです。

第5に「いい家族」の存在です。

これまで述べてきた４つの条件は，いずれも企業を通じての働きがいの醸成です。この４つすべてが揃っていたとしても，真の働きがいが醸成されるわけではありません。もっとも重要なのは，その社員の生活の拠り所であり，支えである家族・家庭の存在です。つまり，いい家族，いい家庭が無ければ，真の働きがいは醸成されないものです。家族に後ろめたさを感じながら仕事についても長続きしないし，何のために働いているのか価値を見出すことは難しいです。仕事の働きがいを高めるには，企業の魅力度アップだけではなく，いい家族・いい家庭づくりにまで注力する経営が重要なのです。「人を大切にする経営」を実践されているある中堅企業が実施している社内施策をご紹介いたします。

① 入社予定の新入社員の実家を訪問しての挨拶。
② 五月の連休日の里帰り手当の支給。
③ 家族へのお歳暮。
④ 親孝行手当の支給。
⑤ 入社式への家族招待。
⑥ 家族のメモリアル休暇制度。
⑦ 家族の企業見学会の開催　等。

以上の５つの条件の実現を目指して，経営者はいかにバランスのとれた施策を継続していくことができるか，それが「いい組織文化，組織風土」さらには「働きがい」につながるものと確信しています。

1 「働きがい」と「働きやすさ」

労働時間の短縮や，育児休業制度などのさまざまな労働関係のルールを守って，労働者が働き続けることについての障壁を少なくしていくことは，まさに「働きやすさ」の追求という部分に相当します。福利厚生の充実もそうでしょうし，最近ではテレワークの推進などもこれに入ります。

一方「働きがい」とは，一言でいえば働いていくことの価値であり，仕事の「やりがい」と言い換えることができます。では「働きやすさ」と「働きがい」は，どちらが大切でしょうか。「働き方改革」は，労働条件の改善が中心的課題になっていますから，どうしても「働きやすさ」の追求ということになります。長時間労働を是正して残業がなくなり年休を目いっぱいとれるようになり賃金が上がれば，確かに「働きやすい」職場かもしれません。

しかしながら「働きやすい」職場になったことにとどまって，企業の利益が下がってしまうことになるようなら，経営者は本気で「働きやすい」職場づくりに取り組みません。また，「働きやすさ」は大切だけれども，「働きがい」のほうが重要だという考え方をする人もいます。

長時間労働かつ低賃金で，多少は「働きやすさ」が欠けていたとしても「働きがい」があれば満足という人もいないではありません。「働きやすさ」より「働きがい」の方が価値があると無意識に思い込んでいる人も多いのではないかと思います。しかし，「働きがい」があれば「働きやすさ」は多少欠けていてもよい……というその考え方こそが，日本の労働者が，人生の時間の多くを仕事に割かなければならない，生活に対する満足度が高いとはいえないという現状の温床であることを振り返る必要があります。

つまり「働きやすさ」も「働きがい」も両方大切であり，それを両立させることが「魅力ある職場」づくりにつながるものと思います。

2 「働きがい」と「働きやすさ」の構造

「働きがい」と「働きやすさ」については厚労省で調査研究を行っており，それらが高い企業は，労働者の意欲も勤務継続意向も企業の業績も高いという結果が出ていますが，「働きやすさ」や「働きがい」はどうやったら向上させることができるでしょうか。

企業の事業主が直接的にコントロールできるのは，労働時間などの労働条件や，評価処遇制度などの人事管理制度ですが，これらは「雇用管理施策」と呼ぶことができます。

社内風土などは直接コントロールできませんが，日ごろの人材育成，業務管理・組織改革などの「雇用施策」の積み重ねで生まれてくるものと捉えることができます。

この「雇用施策」を適切に講ずれば，「職場環境」や「労働者の意識」が好転してくると考えることができます。

「働きやすさ」の方は，事業主の行う「雇用管理施策」（例えば所定労働時間を短くする）などで，ある程度コントロールしていくことができますが「働きがい」の方はそう簡単ではありません。

「働きがい」は，「働くことを通じて自己の価値を確認できる」「自己の成長実感がある」「会社への帰属意識・連帯感がある」「会社・上司との間に信頼関係がある」など，多くの要素と関係しているといわれており，**どのような「雇用施策」をとれば，労働者にどんな意識が生じ，それが「働きがい」につながっていくかというところをさらに考えていく必要があります。**

この点に関しては，厚労省では，「働きがい」も「働きやすさ」も両方大切であり，それを両立させることが「魅力ある職場」づくりのポイントであるという姿勢に立っています。また，「働き方改革」自体も，確かに「働きやすさ」の追求が中心的課題ではありますが，実はそればかりではなく，労働者が短い時間で無理なく高いパフォーマンスをあげるにはどうしたらよいかという経営者側の視点に立った「生産性向上」のテーマも含まれており，その「生産性向上」を図るためのさまざまな手法の一つとして「働きがい」の向上を図ることの重要性も指摘されているのです。

第 II 章
「働きがい」の創出 ～良い組織風土への取り組み

私は，自らの業務にかかわるお客様もしくは企業視察等を通じて，多くの会社組織に毎日のようにお伺いしています。そうすると会社に入った瞬間に感じるものがあります。それは職場の雰囲気だとか「空気感」といってもいいかもしれません。そして，さらに職場に入り，そこで働く職員の動き方や表情などでその第一印象が深まり，一緒にミーティングなどが始まればその印象は決定的になっていくものです。それはその組織のもつ「組織風土」といってもいいのかもしれません。

現場で組織の風土を見るときに，私は過去の経験から下記の視点で観察するようにしています。つまり下記のような点が「良い組織風土」をもつ組織の特徴と言ってもいいのかもしれません。

【良い組織風土の特徴】

① 職場では職員同士の挨拶がきちんとできているか。

② 職場では身の回りを常に整理・整頓・掃除をしているか。

③ 上下関係・部署を問わず，なんでも言える雰囲気があるか。

④ 新しいことに挑戦できる雰囲気があるか。

⑤ 自社をさらに良い会社にするための活動に興味があるか。

さらに感じるのは，**この「風土」とか「雰囲気」といわれるものが，実は人事労務だけでなく経営にも大きく影響しているという事実です。これは経営指標には現れませんが，それはまさに「組織力」を表す指標といっても過言ではないほどの力を持っているようです。**

例えば，筆者らの研究では，働きがいを感じる職員の多い組織風土をもっている企業の業績は高く，逆に職員離職率は低いという結果が明らかになっています。

それではこのようないい組織風土はどのように作り上げていけばいいのでしょうか。私は，社労士として，これまでに延べ100社を超える法人をご支援させて頂き，また，その他にも素晴らしい経営を行っている全国の中小企業約200社を視察させて頂きました。そこで見えてきた事は，素晴らしい組織風土というものは，「なんとなく，自然に出来上がったもの」では決してなく，経営者や幹部職員が，繰り返し，繰り返し，発信し続け，職員の意識改革を促していった結果であるという事実です。

それらの企業は，社内で新しい施策を行う時には，必ずと言っていいほど，それに対する反対意見や抵抗勢力が存在していました。それを成し遂げる過程において職員と話し合い，説得をし，また時には強引にやってみるときもあったかと思います。

その結果として現在，成果を出している企業の共通項としては，経営者・幹部職員に「決して，あきらめない」という「ぶれない信念と継続する力」があったということを強く感じています。

それでは，次に「働きがい」と「いい組織風土」づくりに向けて，社労士はどのような雇用施策を通じて「魅力ある職場づくり」の支援ができるのかについて述べたいと思います。

1　「仕組み作り」が意識と風土を変える

ほとんどの経営者は，働きがいと魅力ある職場を作りたいと思っています。問題は「具体的にどのような施策を行えばそれが実現できるのか」です。

そこには，すべての会社に共通して効果のある施策などは存在しません。当然のことですが，企業の置かれている環境や条件はすべて異なるからです。ただ，経営者や幹部の方々の「熱意や想い」だけに頼っていてもなかなか現実は変わらないということも事実です。

そこで，経営者の「想い」を何らかの「仕組み」，前述の「雇用施策」として形にしていくことで，職員の意識を変えていき，組織風土も変えていくことも有効なアプローチの一つではないかと思います。ここからは，各事業所がオリジナルな仕組みを考えるにあたり，ポイントになるであろう考え方をご紹介いたします。

①　コミュニケーションの「量」をあげる。
②　非金銭的な報酬（感謝と認知，承認）を具体的な形にする。
③　一人ひとりの職員を主役にする舞台をつくる。
④　経営理念を日々の現場に活かす。
⑤　職員の意識調査（満足度調査）を活用する。

1　コミュニケーションの「量」をあげる

「上司とのコミュニケーションの量が少ないほど離職率は高く，コミュニケーションの量が多いほど離職率は低い」と言われます。コミュニケーションの量が多い，つまり上司が自分のことを「気にかけてくれている」「よく見てくれている」ということから，部下は上司に信頼を寄せ，結果として，会社を離れるという選択をしなくなるわけです。しかし，コミュニケーションの効用は，単に「信頼関係」づくりだけではありません。コミュニケーションによって相手の価値観を知ることで，部下が行動を起こすための動機付けを探し出すことで，部下を育成するための「打ち手」がわかるのです。

「ある日突然，部下が辞めてしまった」という事態をよく聞きますが，この「突然」というのも，実は上司側の思い込みである場合が多いようです。つまり，組織に対する何らかの不満をずっと持っていた。そのシグナルはコミュニケーションの量さえ多ければ，上司には見てとれたはずだということです。

また，シグナルとは，実際の言葉だけとは限りません。以前と比べて表情が暗くなった，口数が少なくなったなど。いわゆる「雰囲気」でも，人の変化はわかるものです。日常のコミュニケーションによってシグナルを察知できれば，「最近悩んでいることがあるのか」「仕事のどの辺が難しいのか」など，相手の先回りをして相談にのることもできるはずです。「自分は上司とはいっても，人手不足で半分以上現場に入っているので，部下の様子に気を配っている余裕がない」といった現場のプレイングマネージャーの声をよく聞きます。

しかしながら，結果として部下とのコミュニケーションは不足し，部下のことを観察せず，わかろうともせず，溝が広がっていく……。そのようなケースでも，自らの本来の役割を忘れず，実践できるレベルで，必ず継続していくことです。

この姿勢は必ず部下は見てくれていることを忘れないでほしいと思います。「見てもらえない」「わかってもらえない」部下は不満を募らせて，辞めていく。部下にとっては。決して「突然」ではないのです。

1　話を聞く土壌をつくる

例えば二人の上司がいて，まったく同じことに関して叱られたとします。一人の信頼関係がある上司から言われれば，たとえその場では納得いかなかったにしても，「この上司」がいうのなら，まずはやってみようと思うかもしれません。逆に，全く信頼関係が存在しない上司から言われても「あなたからは言われたくない」と内心思い，表面的に分かったふりをするだけで，実際には行動しない，といったことは日常よくある話です。だからこそ，「普段からの」コミュニケーションを通じて「あなたに関心があること」をメッセージとして伝えることがもっとも大事なのです。

例えば，天気の話，最近のニュースの話，家庭の話など，普段からなるべく仕事に関係ない「世間話的」な質問を繰り返し「話を聞いてもらえる土壌」も時には必要になるのではないでしょうか。

今の若い世代はプライベートに触れられたくない個人主義だから，逆効果では？そんな思い込みから，こうしたパーソナルな質問を避ける上司もいます。

しかし，それはまさに思い込みではないかと思います。「人それぞれ」という前提はありますが，いわゆる「上司の習慣」としては，部下に世間話をすることは，とても大事なことです。

こうした上司の習慣が，部下の「辞める・辞めない」といったような大きな悩み（上司にとっても会社にとっても，です）を聞き出す土壌を作り出すものです。

2 介護現場でのコミュニケーションで大切なこと

介護職に携わる人たちは，心に秘めた思いが強いがゆえに感情が先走ってしまい，その思いを言葉にして相手に伝えたり，自分の状態を認識して言葉にしたりするのが苦手な人が多いという特徴があります。

そのためか，「うまく言葉にできないのですが……」ということをよく言います。また，ご利用者のためを思い，要求にこたえていくうちに際限がなくなり，自ら自己犠牲のモードに入っていき，結局はつらくなって辞めてしまう人もいるということをお伺いします。

したがって，上司はまずコミュニケーションをとりながら，かれらの気持ちや想いをよく聞くことが大切になります。そのような過程を経ずに，目標を押しつけてもそれは「やらされること」になってしまいストレスの温床になってしまうのではないでしょうか。したがって，まずはできるだけコミュニケーションの「場」を作ることが必要です。

そもそも，日本人には求められないから主張しないという人が圧倒的に多いので，「ただコミュニケーションが大切」「部下とのコミュニケーションをとってください」と言われても「場」が無ければコミュニケーションをとることはなかなか難しいものです。

ですから，**上司やリーダー層の人たちは部下とのコミュニケーションの場をできるだけ多く，積極的に作っていくことが必要です。この「場」作りを，職場の「仕組み」にすることが出来れば「場」づくりが業務の一つであるという認識が上司やリーダー層にできるようになり，それによりコミュニケーションの「量」は飛躍的に増えることになります。**

つまりここで大切なのは，コミュニケーションの時間は業務として作り出すものであって，「仕事に余裕があったら行う」ものではないという認識が必要であると考えています。

3 「声掛け」と面談の違い

すべての職員に毎月１回30分の面談をしている事業所があります。その事業所の施設長からのお話を伺ったときの内容をご紹介いたします。

最初は面談ではなく，声掛けだけだったのです。「おい大丈夫か？うまくいっているか？」答えはいつも「大丈夫です」。しかし，あとで見たら全然大丈夫でなかったというケースがよくあったので，面談に切り替えました。

面談をしてみて，「なんでこんな大事なことを早く相談にこないの？」「こんな些細なことで悩んでいたのか，早く言ってくれればいいのに」「どうして，ここで悩まないんだ，ここだろ悩むところは」ということがあまりに多かったので，それから面談を定期的に行うことにしたのです。

毎月１回面談しているところと，期末の評価だけで面談していた頃と比べると，評価のフィードバックに対する職員の納得感がまるで違ってきました。上司が仕事をいつも見ていてくれているという信頼感があらためて感じることができ，「大丈夫，君ならできる」「それくらいの失敗は俺もしたことある。心配するな」といった支援が大事なのだと感じます。部下に自分は見守られているという安心感を与えることが大切なのです。

「見る」と「見守る」とは全く違うことで，「見る」は単に見ていればいい，見守るとは見守られる方が，見守られているという認識がない限り何の意味もないもの。見守られていると，部下が思うようなコミュニケーションが大切なんだと思います。

4 社労士にぜひ行ってほしい面談の指導

これからの社労士に求められるのは「労務相談」の範囲を超えた，いわば職場作りのコンサルティングによる現場支援ではないかと考えます。

そのためには，まずコミュニケーション活性化に向けた定期的な面談を，仕組み化することが重要です。年に１回行う評価の後のフィードバック面談ではなく，ルーティーン業務として定期的に行う面談の仕組みを作ることです。

「働きがい」を醸成する第一歩は，じっくりと部下の話を聞くことからです。このような話をすると，事業所から言われるのは「人手不足でそんな時間的余裕がない」とか「上司と部下のシフトを調整するのが大変」もしくは「仕事でちゃんと声掛けでコミュニケーションをとっているからうちの職場は問題ない」といった言葉です。

確かに慢性的な人で不足の中で現場を回していかなければならない現場管理者にとって，大きな負担であることはよくわかります。でも本当に部下とともに職場をよくしていきたいと思うなら，是非「定期面談を行うためには，仕事の回し方をどうすればいいのか」という発想で，施設長など経営陣が中心になって，実践のための知恵を絞っていただくよう，粘り強く支援を行っていただきたいと思います。

そのためには，なぜ面談が必要なのか，それを行うことでどのような変化が起きるのか，等その意義を理解してもらったうえで，面談の不慣れな管理者には，「面談スキル向上研修」「コーチング研修」なども行って頂き，部下と向き

合うことへの抵抗感を少しでも和らげる支援も必要かと思います。

また，面談頻度についても，もちろん重要で，出来れば毎月１回，難しければ２か月から３か月に１回は最低実施できる仕組み作りが必要です。１年に１回もしくは２回程度の面談では，前回話した時とあまりにも時間が空きすぎているので，内容のフォローも現実的には難しく，なにより日々変化する現場での想いを聞く機会としては，あまりにも少なすぎると思います。

面談で会話するテーマ内容の一つとして，理念を実践するための行動目標について話し合うといった施設があります。この施設では，各人が法人理念を具体的に実践していける職員になってもらうように理念に沿った「行動基準」を具体化しています。それをみんなの共通目標として実践し，実践してみて感じた事などを毎月必ず話し合うといったテーマで面談を行っています。

2 非金銭的な報酬（感謝と認知，承認）を具体的な形にする

非金銭的な報酬とは，部下が本当に望んでいるものは，「お金」や「地位」だけではなく，そのような会社の制度だけでは得ることのできない，様々な形の「報われ方」も職員にとっての報酬として考え，与えていくものです。動機付けの条件となり得る，金銭面以外で必要な「報われること」＝報酬を，どんな形にして，どんな方法で与えればいいのか，を考えることは，「働きがい」の醸成にとって，とても重要な要素です。特に介護の現場で働いている方々にとって，その傾向は顕著です。自分の立場や待遇より，自らの行為や存在が，ご利用者の方や仕事仲間を「笑顔」にできること，これが最高の報酬です，とおっしゃる方は多くいらっしゃいます。

一方で，法人側は職員を「仕事の大切なパートナー」として認め，感謝を示し，それを行動に表すことが必要ではないかと思います。従来の考え方であった「認める（承認）」とは，結果（業績）に対するものが主なものでしたが，これからは「行為や行動に関する認知」または「存在の認知」（あなたがいて

くれるお陰で，法人は助かっている，といったメッセージ）が，非金銭的な報酬としては大切になってくるものと思います。

それでは非金銭的な報酬，つまりモチベーションが上がるような報酬とは，具体的にどんなものなのでしょうか。働く職員は，どんな時にこのような報酬を受け取ったと感じることができるのでしょうか。それは下記の４つに分類することができます。

①　この職場で，この仲間と働くことが楽しいという連帯感を感じる。
②　自分が会社（法人）から，大切にされていることが実感できる。
③　自分の仕事が人の役に立ち，人に喜んでもらえる役立ち感がある。
④　この仕事をしていると，自分が成長できるのを実感できる。

【職員満足度に影響を与える上位10項目（調査対象：介護施設の常勤・非常勤職員）】

順位	領域	コア要素	満足感を感じるとき
1	職場	連帯	職員が楽しそうに仕事をしている
2	職場	連帯	尊敬できる職員が多い
3	経営	評価・処遇	職員が必要な能力や技術を身につけるための制度や仕組みが整っている
4	職場	共有	職員は，お互いの仕事の良いところを共有し合っている
5	経営	理念	経営層（理事長・施設長・園長など）の判断は従業員の信頼を得ている
6	経営	上司	あなたの上司は，職員一人ひとりに対して的確に指導している
7	職場	共有	職員は，互いに新しい知識・ノウハウを学びあっている
8	経営	上司	あなたの上司は，結果だけでなく職員の努力やプロセスを評価している
9	職場	価値	仕事の目標を常に意識している
10	経営	上司	あなたの上司は，職場の目指す姿や目標を明確に示している

（出典：HELPMAN JAPAN「介護サービス業 従業員満足度調査」（2017年１月）より）

私たちは，仮に金銭的な報酬が十分でも，こうした報酬が欠けていると「働きがい」を感じることができません。職員が心の底から「この職場で働けて良かった」「この職場で働き続けたい」と言えるようになるには，このような報酬が欠かせないのです。この報酬が満たされた職員は，その能力を十分に発揮し，顧客満足の実現に向けて進みます。たっぷりとこの報酬を与えてくれる法人を辞めることはありません。

さて，ここでは，具体例として，各事業所が行っている「仕掛け・仕組み」をいくつかご紹介いたします。もちろん前述のように，下記の事例が，全ての法人で，うまくいく施策というわけではありませんが，方法論のヒントとしてご参考にしていただければ幸いです。

1 「サンクスカード」「ありがとうカード」の運用

サンクスカードとは，職員間で感謝のメッセージを送り合う仕組みで，ある職員にお礼を言いたいときに，メッセージカードに書き，それをその方に渡すという仕組みで，**職員が相互に人間としての関心を持ち，個人を人として尊重し合い，支え合う風土づくりを目指すものです。**

その仕組みをすでに10年以上継続しているある社会福祉法人があります。その法人では，サンクスカードを，もらった数と送った数で統計を取っていて，10枚書くとシールが１枚もらえる。シール10枚でクオカードが１枚のご褒美がもらえるようになっています。職員は毎日出社すると自分のポスト（各自に用意されている）を見て，メッセージが入っていると，「あ，見ていてくれたんだな」という思いで，とてもうれしい気持ちでその日の仕事を始められるということです。

提出数は，個人のばらつきは多いらしいのですが，多い職員で年間約300枚書く職員もおり，このようにたくさん書く人は，自分に対して何かをしてくれたからありがとう，という他に，自分に対してという訳ではなくても，感謝しているそうです。

例えば，「倉庫を掃除してくれてありがとう」。やってくれたことに対して敏感に気づいてカードに書いている。たくさん書く人の特徴は，例外なく，「気づく力」が高いとこの法人の理事長はおっしゃいます。

介護の仕事はご利用者の微妙な変化に気づく力が大切なので，サンクスカードをたくさん書いている職員は例外なくお客様からの評価が高い，ということです。このように，感謝したくなるようなことに気づく感性をも養うことができたとその効果をおっしゃっていたのがとても印象的でした。

2 職員一人ひとりの名刺を作成

一般的な慣習として，介護職員の方々は個人の名刺を持たないケースが多いので，研修などで他事業所の方と挨拶をする場合に名刺交換ができません。名刺交換の頻度や必要性は現場の方には，さほど多くはないと思いますが，名刺を持つことで，組織への帰属意識を高めたり，仕事への「誇り」を持つことにも繋がるものと思います。

すぐに効果は出ないかもしれませんが，介護職員全員に名刺を持たせることの効果を考え，事業所には是非，促進していってほしいことの一つです。このような法人からの小さな配慮が，**自分は法人から認められているという意識にもつながっていくものではないでしょうか。**

3 素晴らしい挨拶とストローク

「いい職場は良い挨拶から」とは良く言われますが，まさにそのとおりと思います。

だれにでもできる「良い挨拶」が，ある職場か，ない職場かで，職場の「空気」が全然変わって見えるから不思議です。では，なぜ，「良い挨拶」は必要なのか。ここで言う「良い挨拶」とは，普段の「テキトウな挨拶」ではなく，それだけで人の心を元気にさせるような「良い」挨拶のことを言います。

そもそも挨拶という行為の意味は「相手の存在を認めて，心を通じ合わせる行為」と言われるとおり，まさに「相手の存在を認知する」行為なのです。挨拶をされるということは，自分の存在を認めてくれているということ，なのです。

また相手の存在を認める行為として「プラスのストローク」があります。「お疲れ様」「笑顔で挨拶する」「アイコンタクトしながら相手の話しを聞く」等の行為を指し，それらはみな，相手の存在や行動をプラスに認知するもので，人間関係を良好にする効果があります。

このような行為はまさに日常の習慣であり，そのような行為が身についていない組織には，導入には抵抗感もあり，さらに定着には時間がかかるかもしれません。

そのような場合，**我々社労士の支援方法として，例えば，挨拶やストロークをテーマにした「職員研修」等を通じて，その大切さを職場での具体例を通じて理解していただくといった支援を提供することも効果的です。**

弊社は福祉職員に向けに「人間的な成長と職場風土改善」を目的とした研修（福祉人材人間力向上研修）内容の詳細は（☞p. 115を参照）」をすでに約８年間ご提供させていただいております。この研修を通じて，「挨拶」・「笑顔」・「言葉」など日常のシンプルな行動を振り返り，他人ではなく自分の行動に目を向けることで「気づき」を得ていただき，それを日常の行動につなげていただく研修です。

一般には特に福祉の現場で働く職員向けの研修は，技能スキルや資格を身に着けるものが中心ですが，このように自己の内面をふりかえり，その気づきによって行動を変えていくような研修をご提供することも，社労士にできる支援の一つであると考えています。

3　一人ひとりの職員を主役にする舞台をつくる

愛知県にある「たんぽぽ介護センター」の事例をご紹介いたします。

通常介護事業所では，正職員と同じくらい重要な人材としてパートさんがいます。ただ，通常の事業所では多くても30％～50％ぐらいではないでしょうか。それが，こちらではなんと90％を超えている施設もあります。

一般に，介護事業では，制度上「人員基準」があり，少ないスタッフで儲けようということはできません。つまりお客様に対するスタッフ数はどこでもほぼ同じです。そんな中で，こちらの事業所では，スペース規模の大きさにより「見守り」を行う為には，どうしても通常の人員基準以上のスタッフが必要になってきます。

したがって決められた人員基準の1.3倍から1.4倍程度のスタッフの方がいらっしゃいます。それをどう解決したかというと，「パート比率の引き上げ」です。正職員中心の組織からパートさん中心の組織にすることで，スタッフの数を引き上げることが出来たのです。

しかし，それでサービスの質が下がってしまっては意味がありません。パートさん中心の組織で介護の品質も維持するために行っている取り組みがあります。

パートさんにいかに「働きがい」を与え「働きやすさ」を感じて頂くか，ここでもスタッフの満足度をまず第一に考える筒井社長の理念が実現されています。

まず，当センターでの正職員スタッフの役割は，いかにパートさんの後方支援をするかです。ですからパートさんが仕事の大きなストレスを感じないように，全力でバックアップしています。しかも，仕事をパーツで任せるような中途半端なことはせず，人によっては相当大きな権限も委譲します。何かのイベントを企画するにも任されたパートスタッフさんの考えを出来る限り実現出来るようにしています。

パートさんというと補助スタッフという印象がありますが，こちらのパートさんはかなり大きな仕事も任されており，任された仕事の大きさに比例して，やりがいを感じることができるはずです。そして，その企画が実を結び，お客様を喜ばすことが出来た時には，みんなの前で表彰されるのです。

経営者である社長の名前で，一年間で発行される表彰状の枚数は1,200枚にもなるそうです。表彰状は委員会の委員長や施設長から手渡されますが，大事な賞では筒井社長から直接手渡されるものもあるそうです。それだけパートさんを主役にすることを熱心に行っています。

職員が認め合う風土づくりのため，褒める場をたくさん設定し，褒めることを奨励していく。積極的に職員相互を認め合い，尊重できる環境を作り出すことも大切な「仕掛け」づくりの一つです。

また，介護業界ではありませんが，神奈川県に本社を置くある技術系IT企業で行っている「花一輪」という習慣をご紹介いたします。

職員たちが，1年のうちで「この日はあなたが主役」となるような日を設ける仕組みが「花一輪」というものです。

これは，その人の誕生日に，すべての職員から花を一輪づつ贈られる習慣です。誕生日には朝から，上司が当人のデスクの上に花瓶に水を入れて用意してくれます。出社してきた職員たちは「誕生日おめでとう」と声をかけながら一輪の花をその花瓶に入れていくのです。花を贈る職員は自宅の庭から，あるいは花屋さんから買ってきた花をもって出社します。朝の忙しい時ですからそんなに多くの時間はかけません。また多くのお金もかけません。わずか300円ほどの花ですが，心のこもった花を誕生日にもらって，「おめでとう」と言われることがどれほど嬉しいことか。それを見て花を贈る人も嬉しくなります。

「花一輪」という，どことなく心地よい日本語の響きを含め，職員はこの習慣が大好きで，長年続いている習慣とのことです。この習慣も一人ひとりを大切にし，お互いを認め合う風土につながる，心温まる習慣です。

4　経営理念を日々の現場に活かす

介護事業所の各法人にはほとんどの法人で理念が制定されていますが，理念に対する理解や知識は不十分です。これは私たちがコンサルティングでお手伝いする現場のほとんどで痛感することです。

現場のスタッフの方々に理念に関する認識を問うと「上の人が作ったもの」「りっぱな額縁にはいっているもの」といった回答が少なくありません。多くの法人には理念（「社是」「使命」などの表現もありますが，ここでは理念という言葉で代表させます）が制定されているのに，日々の仕事とかけ離れた存在として扱われているのが実態です。

ところで，理念とは……，多くの学者によって研究され定義されていますが，共通して言えることは「法人設立の意図や存在意義を示し，経営の目的・方向性を組織や職員に示していくもの」だということです。つまり一言でいうと「経営の軸」なのです。

また，理念が「経営の軸」ということであるならば，個人でいう「価値観・常識」が法人の理念に相当するものと考えられるかもしれません。言い換えれば，人にはその人の個性を形成する基盤となり価値観や常識があるように，法人にもその法人の独自性の基盤となるのが本来，不可欠であり，それが理念なのです。

人は自分の価値観や常識に基づいて目の前の現実に対処します。そして，その対処方法は人によって異なります。同様に法人の自社の理念に基づいて「変えてはならないもの」と「時代に合わせて積極的に変えていくもの」を分け，仮に取り巻く環境が同じであったとしても，とるべき事業戦略は法人によって異なるわけです。もし，この理念が共有されていなければ，そこで働く人は自分の価値観や常識によって行動することになります。ところが，その価値観・常識は人によって異なるわけですから，それぞれがバラバラな行動をとり，組織として成果をあげることはできないということになります。

しかも，理念・常識は人によって異なるものですから，理念をただ掲げただけでは，経営者が思い描いたように職員が理解してくれるとは限りません。だからこそ，理念はそれが絵に描いた餅にならないように，いかに共有をはかるかが極めて重要になるわけです。

介護，医療の現場では，各職員の専門性が高く，資格をもった職員で構成されています。ということは，これまで見てきたように自分の知識を価値観・常識の基盤とする傾向にあるので，部門の壁（セクショナリズム）が発生しやすい現場といえます。自分の知識で目の前の現象を判断したり他人を評価したりする風土にしない為にも，法人理念のもとで「働くことへの意義」や「仕事を行う意味」を徹底的に共有する必要があるのです。理念とは組織を動かす共通の価値観・常識であるとともに，経営の目的を職員に示し，全員の方向性を一つにする役割を果たすものなのです。

ところが，一般企業においても介護・医療の現場においても例外なく見られる傾向ですが，経営者の方に，「経営理念はありますか」と聞くと，必ずと言っていいほど「はい，あります」と回答されます。そこで，その理念は，「どのくらい職員に浸透していますか」と続けると，「わからない」「浸透していないと思う」という声が大半を占め，自信をもって「浸透している」と答えられる経営者は極めて少ないと思います。

ではなぜ，経営理念は浸透しないのでしょうか。例えば，学生時代を思い出していただけるといいかもしれません。どこの学校でも「校訓」や「スローガン」などが講堂や廊下に掲示されていたと思います。多くの方はその記憶はあると思うのですが，当時も，その内容まで覚えていた方はほとんどいないはずです。残念ながら，経営理念も同じような状況なのです。つまりほとんどの人にとって「見ている（目に入っている）が，気に留めない」対象なのです。

素晴らしい内容で本当は共感できるものであっても，理念は掲げるだけでは浸透しません。経営理念を浸透させるためには，そのための「工夫・仕掛け」が不可欠なのです。

工夫や仕掛けというと「経営理念を覚えさせる」というケースがあります。よく見かけるのは「クレドを作成し，職員に携帯させる」「毎朝の朝礼で唱和する」などの取り組みです。

このステップは，理念を身近なものとして，「認知する」という意味では，有効な手段です。ただこれはあくまで第一ステップであって，浸透している状態ということはできません。浸透とは「水などが浸みとおること」「思想・風潮・雰囲気などが次第に広い範囲にいきわたること」です。

したがって，経営理念の浸透とは「法人に従事する全職員が，理念の意味が理解され，日々の行動に落とし込まれていくこと」ですから，それは認知するレベルでは足りないということになります。私は「理念の浸透」には三つのステップがあると考えています。

第１ステップは，「認知」。ここは経理理念を「知っている」という段階。

第２ステップでは，「共感」で，経営理念に基づく「行動」が行われ始めている段階。

第３ステップは「共有」で，経営理念は職員の意識・行動の中で「当たり前」になっている段階。

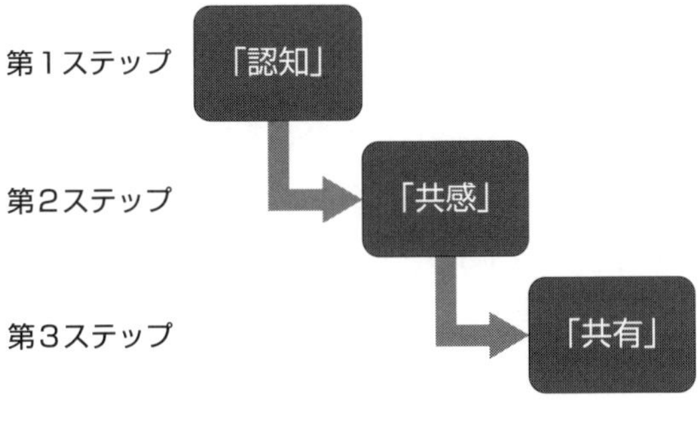

弊社が多くの法人を支援させていただく中で**「経営理念が浸透している」法人にはいくつかに共通項があることが分かりました。**

その一つ目は「理念に込められた創業の想いや意図が共有されている」ことです。

設立年数が長い法人などで，経営者の交代や職員の入退職などで経営理念を深く理解している人間が少なくなり，理念の想いや意図が伝わらず，浸透しないこともよくあります。しかし，そこは現在の社長，理事長などトップに立たれる方が，「創業の精神」に関する当時の背景を調査・確認し，それを徹底して伝えていくことがとても重要になります。

ある社会福祉法人の事例をご紹介いたします。その法人では毎月「誕生月研修」という職員研修会の開催があります。毎月３時間半，年間12回行われるこの研修では，理事長から法人の創業の精神と理念が伝えられ，それを参加者みなで日常を振り返る，といった研修を行っています。この研修では，職員同士の会話を通してお互いに「気づきのこころ」を養い，自分自身の生き方を考える大切な時間になっています。

理念を浸透させるために最も大切なことは，職員一人ひとりの心に伝え続けることと継続すること，と理事長は熱い情熱で語られておりました。

二つ目の経営理念は，抽象的な言葉であったとしても，それを実現するための行動は，具体的な行動表現になっている。

理念が職場に浸透していない理由の一つは，理念に書かれた想い（言葉）の意味を職員が，理解できていない，もしくは表面的に理解していても「腑に落ちていない」ために，自らが，行動する動機づけ（モチベーション）にはつながっていないのではないでしょうか。

従って，まず**「経営理念」を誰にでもわかる言葉に置き換えてみることです。そして言葉をつくるプロセスは職員と経営者が一体となり議論し共有していくことで，理念に込められている趣旨や想いを深めることができるようになります。**

最終的に，それを法人全体の「行動基準」に落とし込み，全職員で活用できるものに仕上げていくことが「理念の浸透」につながっていきます。

ここでは，東京都八王子市にある介護老人保健施設「ハートランド・ぐらんぱぐらんま」の例をご紹介いたします。幹部と職員の双方のディスカッションを重ね，作成された行動規範の一例です。

行動要素（事例）	行動基準（事例）
笑　顔	ご利用者に対して笑顔の声掛けで，笑顔を引き出し，「顔色が良いですね」「リハビリの効果がでていますね」等，幸せな気持ちになる一言を添えている。
思いやり（ご利用者様に向けて）	全てのご利用者に手を握るなどのスキンシップを図りながら「朝ご飯は食べられましたか」「昨晩はおやすみになれましたか」と笑顔でやさしい語りかけをしている。
思いやり（職員間で）	自分の担当以外であっても，他の職員が忙しくしているときは，「お互い様」という気持ちで声掛けをし，快く手伝っている。

＊　行動要素とは，「経営理念」から導き出された「大切にしたい法人価値観」です。

また，この施設では，経営理念を行動規範に落とし込むことで，実践に活かすことが可能になり，その実践の度合いを人事評価制度（行動評価）にも反映しています。

（ハートランド・ぐらんぱぐらんまのリーダー，職員の方々）

当施設のキャリアパス導入PJチーム推進責任者の意見（統括マネージャー兼フロア介護統括者）がメディアに紹介されましたのでご紹介いたします。

「人事評価を活かすも殺すも面談（上司と職員の「対話」）」です。上司にとって職員個々の理解につながり，職員にとっては今後へのヤル気につながることが必要です。

「職能評価（専門職スキル）」でそれぞれの職種に必要な技術を確認し，「行動評価（人間性）」で心がけや振る舞いについて確認をするという２本立ての評価方法は，多角的に職員を理解するうえでとても有効であると思います。特に，人間性に評価の焦点を当てた「行動評価」は，職員個々の考え方や個性に影響される部分が大きく，個人を評価しやすい評価方法です。全職員を「人財」と思い定め，日頃からコミュニケーションを取り，個々にあった激励をすることで信頼関係の構築を図り，面談時には忌憚のない意見交換ができること。それが的確な評価につながり，職員個々の意欲向上，ひいてはより良い職場環境を作っていくものと確信しています。（日総研「介護チームマネジメント11・12月号」掲載記事から抜粋）」

また，東京の杉並区で地域に密着した在宅支援を行っているスギコー株式会社では，「スギコーマインド」という「企業理念・行動指針」を５項目にまとめ，それぞれの内容に沿った行動を職員全員で共有するといった活動を展開しています。これにより理念にこめられた意味とその実現のための具体的な行動を共有することができ，さらにその中で，自分がもっとも素晴らしいと思った行動を投票制にして，もっとも「共感」を得た行動に対しては，全員の前で「褒め讃える」といった活動を定期的に行っています。職員の皆さんが，一丸となり協力しあえる会社，それが「スギコーマインド」であり，またスギコー株式会社の素晴らしい「社風」のような気がいたします。

（スギコーマインドの表彰式の風景）

【スギコーマインドと実際の行動の「共有」「共感」の事例】

1 「お客様の笑顔が最高のプレゼント」

- 忙しい中でも，誰から声をかけられても必ず手を止めて笑顔でスタッフの方と話していて凄いなと思いました。きっと現場でも同じように，にこやかに笑顔で対応しているんだろうなと想像できます。見習っていきたいと思います。
- ○○園の入浴介助の際少し早く到着同じサービスに入っている○○リーダー。にこやかに通る人たちに「こんにちは」とご挨拶。たとえ返事が返って来なくてもまたされていました。見習いたいと思います。

2 当たり前のことを大切に

- ○○さんは，自分からできることであれば自分やりますと積極的に伝えていて，その姿勢と行動は素晴らしいと思います。
- ○○さんは，皆が仕事しやすいようにサロンが良く回って行くように，先回りし色々な準備をしてくれます。利用者さんからも，とても信頼されているのも素晴らしいと思っています。ありがとうございます。

3 できる事を信じよう

- 仕事の効率化についてのアイデアを実際に試した後，うまく進んでいない時に再度周知してくれたり，みんなに呼びかけてくれて1歩進むことができました。「できることを信じよう」が皆さんのおかげで実践できています。ありがとうございます。
- ○○さんが連絡ノートにサービス中気が付いた事を具体的に記入されサービスに生かすことが出来，大変ありがたいです。

4 思いやりと感謝の気持ち

- どんなにスケジュールがつまっていても，担当の利用者様の容態が悪化しても，決して大変さを表に出さず声をかければいつも穏やかに応対してくれる○○さん。尊敬しています。
- 小さなお子さんを育てながら年末年始も変わらずに頑張っている○○

さん，嫌な顔や愚痴を聞いたことがなく，黙々と仕事をしています。これからのスギコーを担っていく大切な人です。

- 毎朝コーヒーを入れて，みんなに配ってくれたり毎夕，ゴミの回収をしてくれている。お蔭様で気持ちよく働けます。ありがとうございます。誰にでも毎日できることではないと思うので凄いなと思います。

5　全力＝誠意

- ○○さんは，これまで体調不良を訴える事もなかったのですが，先日めずらしく発熱を感じ午後から半日のみお休みを取り翌日にはしっかり治ったと元気に復帰。さすがプロ意識高い。
- 感謝の集いの会議や当日に○○さんが全力で頑張ってくれていました。情報を頂いたおかげでダンスの練習にも励めました。ありがとうございます。

三つ目は，自らの行動を振り返ってみたときに，経営理念に込められた言葉を実践できていたといえるのか，等を職員同士で振り返りを行い，それについて会話する「場」を設けている。ある保育園の理事長からお聞きした事例をご紹介しましょう。

【ある保育園の事例】

理念を具体化し実現する為には，日々の教育や保育が理念に基づいていることが大前提です。目指したい子供たちの姿に向けて，一つ一つの活動が理念に基づいていることが大切です。つまり職員一人ひとりが，保育活動の意図や目的をしっかり言語化できることが求められます。そのためには園の理念をしっかりと理解していることが必要不可欠なのです。

こちらの園では，職員にしっかり浸透させるには毎日四つの理念の唱和から一日がスタートします。確かに職員は理念を覚えており，すらすら言うこともできます。しかしながら，保育が理念に基づいているとはいいがたく，保育の質はばらばら，保護者からのクレームは多く，職員の離職率も高い状態が続いていました。

そこで職員さんたちに，四つの理念について解説してもらうことにしました。どのような意味なのか，なぜそれが子供たちにとって必要なのか，どのようにしたらそれが身につくのか，日々の保育にどのようにつなげているのかなど，皆，どの質問にも困惑し，自分の言葉で語ることはできませんでした。

多くの組織において理念が浸透・共有・実現できない理由の一つに「自分のものになっていない」ことが考えられます。言葉としては覚えているものの，それがもつ意味や意図，具体化した状態，実現するための道筋などには触れられておらず，それについて職員間で話されることもないのです。

「自分で考え，自分の言葉で伝える」職員たちに園の理念を浸透させ，共有するためには，「理念について話す，問う，考える」ことが必要です。

- 理念が持つ意味
- なぜ，その理念が子供たちにとって大切なのか
- 理念が実現したら子供たちはどのような大人になるのか
- 実現するためには，どのような活動や保育が必要か
- 職員自身が成長すべきことは何か

自分で考えたことを自分の言葉で伝えることが出来てはじめて「浸透した」と言えるのです。いま，理念について多くの問いを職員たちに投げかけてみると，正解を考えるのではなく，職員それぞれが考えたことについてチーム間で話し合い，より良い最善の解を共有していけるようになりました。

また経営理念の浸透に欠かすことが出来ない重要な視点を，最後に付け加えておきます。それは経営理念に基づいた，経営者や幹部職員の言動です。

いかに立派な経営理念を掲げ，経営戦略とも整合性があったとしても，その体現者であるべき経営者や幹部職員といったリーダーたちが，理念と明らかに

異なる言動をしていたなら，浸透はしませんし，むしろ不信感を招くことにつながります。

「経営者や幹部職員こそが，理念に基づく行動を示すこと」これが理念の浸透には不可欠であります。

5　職員意識調査（満足度調査）を活用する

職員が今，法人に対してどのような意識（気持ち）を持ちながら働いているか。「働きがい」や「働きやすさ」についてどう感じているのかを，全員に向けてアンケートを実施して結果を「見える化」している法人があります。経営者として，一般職の方々の声に耳を傾け，「風通しの良い」組織にしていこうとする素晴らしい試みです。

職員に対する経営姿勢について，経営者にお聞きすると，多くの方は，職員を大切にする経営を行っている，と言われます。ところが，一番大切なのは，それが職員に伝わり，職員もそれを実感しているかどうかです。その答えになるのが，職員意識調査なのです。

そして，調査結果を組織風土改善につなげている法人は決して少なくありません。興味深いことに，組織風土改善につなげることができている法人には，二つの共通項があるようです。

一つ目は「聞きっぱなしにしない」ということです。当然のことですが，真剣に，また勇気をもって意見を書いてくる職員が多い中で，それを受けとった法人側がどのような姿勢で，どのような対処を行うのか。そこには法人として改善すべきという課題を抽出し，情報をオープンにして，確実に結果をだすという活動が必要になります。したがって，法人側もその結果を分析し，フォローする体制を整備したうえで行う必要があるのです。ある法人は，毎年３月の理事会の定例議題としてこの問題を真剣に経営陣が共有し，討議されています。

二つ目の共通項は，定期的に調査を継続していくことです。一時の状態で判断するのではなく，継続することで職員の意識がどのように変化してきているのかを把握することができます。

組織風土改善の効果としては，３年，５年，10年単位でその変化を見ていく必要はあると思います。ある法人の理事長の言葉です。「はじめて最初のころは，他人の誹謗中傷，給料の不満，個人攻撃などがとても多かったのですが，10年継続してみて，アンケート内容の変化を感じる。前向きな意見が多くなってきており，誹謗中傷的な意見はほとんどなくなってきた。今は，結果をそのまま公開しています」

この言葉から，組織風土の変化は地道に継続してゆくことの大切さを教えていただきました。

次頁には，社員意識調査アンケート用紙のサンプル事例を示します。

【一般社員向けアンケート用紙（抜粋）】

【社員用】　　　　　　　　**アンケート用紙**

〈回答欄〉

以下の設問にお答え下さい。回答は回答欄の該当する番号を○で囲んで下さい。

（注）「職場」はそれぞれの部署を意味し，「上司」とは直属の上司を，「経営者層」とは施設長以上を意味しています。

		とても思う↓	思う↓	どちらともいえない↓	あまり思わない↓	思わない↓
1	上司の仕事の計画やその内容は具体的になっていると思いますか。	5	4	3	2	1
2	あなたの給与は仕事内容と比較して納得できる額だと思いますか。	5	4	3	2	1
3	法人の規則や手続きは明確になっていると思いますか。	5	4	3	2	1
4	あなたの部署の人はお互いに協力して仕事をしていると思いますか。	5	4	3	2	1
5	法人には将来発展する可能性が十分あると思いますか。	5	4	3	2	1
6	あなたの職場は誰でも自由に意見の言える雰囲気だと思いますか。	5	4	3	2	1
7	あなたがまずいことをしたとき，上司は適切な注意と指導をしますか。	5	4	3	2	1
8	法人は職員の教育訓練や能力向上に努力していると思いますか。	5	4	3	2	1
9	上司は仕事の指示や命令を必要な時に行っていると思いますか。	5	4	3	2	1
10	法人の経営方針や目標は職員に十分浸透していると思いますか。	5	4	3	2	1
11	あなたは今より高い地位や責任を望んでいますか。	5	4	3	2	1
12	あなたは法人を友人や知人に自慢できますか。	5	4	3	2	1
13	あなたは法人がもっと素晴らしい施設になってほしいと思いますか。	5	4	3	2	1
14	あなたは責任を持って最後まで仕事をやり遂げようとしていますか。	5	4	3	2	1
15	あなたの能力や実績は正しく評価されていると思いますか。	5	4	3	2	1
16	あなたは自分の仕事の中で創意工夫をこらしていますか。	5	4	3	2	1
17	あなたは経営者層のものの見方・考え方を理解していると思いますか。	5	4	3	2	1
18	あなたは今の仕事にやりがいを感じていますか。	5	4	3	2	1
19	あなたの職場はお互いに信頼して仕事を進められると思いますか。	5	4	3	2	1
20	あなたは施設内の他の社員と比べて公平に扱われていると思いますか。	5	4	3	2	1
21	上司は職場や仕事の改善のために適切な指導をしていると思いますか。	5	4	3	2	1
22	あなたは新しい仕事にも積極的に挑戦しようと思いますか。	5	4	3	2	1
23	あなたの評価は昇進や昇給に正しく反映されていると思いますか。	5	4	3	2	1
24	法人には明確なビジョンやポリシーがあると思いますか。	5	4	3	2	1
25	他の部署の人はあなたの部署の人に対し協力的だと思いますか。	5	4	3	2	1
26	あなたは目標を持って仕事を進めていますか。	5	4	3	2	1
27	あなたは定年まで当法人に勤めていたいと思いますか。	5	4	3	2	1
28	経営者層は日頃から法人の経営理念や経営方針を説明していますか。	5	4	3	2	1
29	職場の仕事の分担や担当者は明確になっていると思いますか。	5	4	3	2	1
30	法人の活動は地域の発展に貢献していると思いますか。	5	4	3	2	1

【管理者向けアンケート用紙（抜粋）】

【管理者用】　　　　　　　　　アンケート用紙

〈回答欄〉

以下の設問にお答え下さい。回答は回答欄の該当する番号を○で囲んで下さい。

（注）「職場」とはそれぞれの部署を意味し，「社員」とはあなたも含めた社員全体を，「部下」とはあなたの直属の部下を意味しています。

		とても思う↓	思う↓	どちらともいえない↓	あまり思わない↓	思わない↓
1	あなたの仕事の計画やその内容は具体的になっていると思いますか。	5	4	3	2	1
2	あなたの給与は仕事内容と比較して納得できる額だと思いますか。	5	4	3	2	1
3	法人の規則や手続きは明確になっていると思いますか。	5	4	3	2	1
4	あなたの部署の人はお互いに協力して仕事をしていると思いますか。	5	4	3	2	1
5	法人には将来発展する可能性が十分あると思いますか。	5	4	3	2	1
6	あなたの職場は誰でも自由に意見の言える雰囲気だと思いますか。	5	4	3	2	1
7	部下がまずいことをしたとき，あなたは適切な注意と指導をしますか。	5	4	3	2	1
8	法人は職員の教育訓練や能力向上に努力していると思いますか。	5	4	3	2	1
9	あなたは仕事の指示や命令を必要な時に行っていると思いますか。	5	4	3	2	1
10	法人の経営方針や目標は職員に十分浸透していると思いますか。	5	4	3	2	1
11	あなたは今より高い地位や責任を望んでいますか。	5	4	3	2	1
12	あなたは法人を友人や知人に自慢できますか。	5	4	3	2	1
13	あなたは法人がもっと素晴らしい施設になってほしいと思いますか。	5	4	3	2	1
14	あなたは責任を持って最後まで仕事をやり遂げようとしていますか。	5	4	3	2	1
15	あなたの能力や実績は正しく評価されていると思いますか。	5	4	3	2	1
16	あなたは自分の仕事の中で創意工夫をこらしていますか。	5	4	3	2	1
17	あなたは経営者層のものの見方・考え方を理解していると思いますか。	5	4	3	2	1
18	あなたは今の仕事にやりがいを感じていますか。	5	4	3	2	1
19	あなたの職場はお互いに信頼して仕事を進められると思いますか。	5	4	3	2	1
20	あなたは法人の他の管理者と比べて公平に扱われていると思いますか。	5	4	3	2	1
21	あなたは職場や仕事の改善のために適切な指導をしていると思いますか。	5	4	3	2	1
22	あなたは新しい仕事にも積極的に挑戦しようと思いますか。	5	4	3	2	1
23	あなたの評価は昇進や昇給に正しく反映されていると思いますか。	5	4	3	2	1
24	法人には明確なビジョンやポリシーがあると思いますか。	5	4	3	2	1
25	他の部署の人はあなたの部署の人に対し協力的だと思いますか。	5	4	3	2	1
26	あなたは目標を持って仕事を進めていますか。	5	4	3	2	1
27	あなたは定年まで当法人に勤めていたいと思いますか。	5	4	3	2	1
28	経営者層は日頃から法人の経営理念や経営方針を説明していますか。	5	4	3	2	1
29	職場の仕事の分担や担当者は明確になっていると思いますか。	5	4	3	2	1
30	法人の活動は地域の発展に貢献していると思いますか。	5	4	3	2	1

【施設全体の満足度レベル（社会福祉法人の事例）】

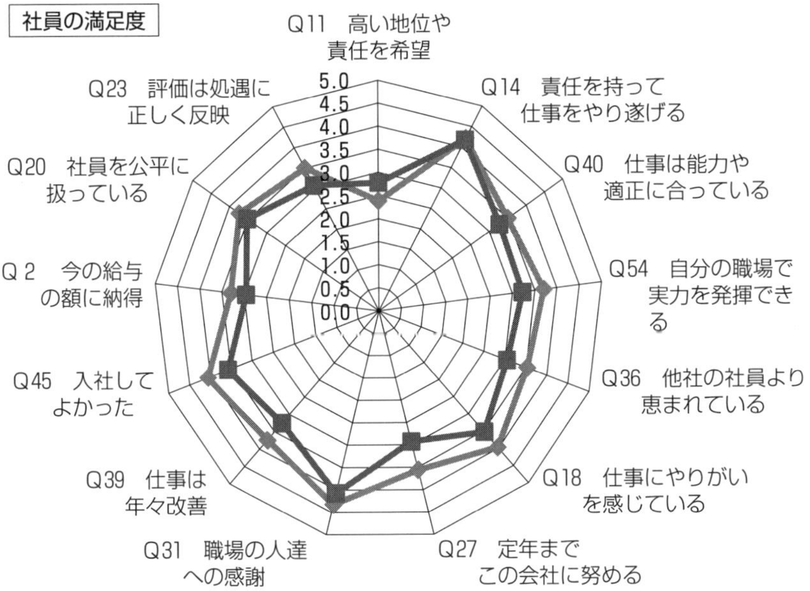

第Ⅲ章 「働きやすさ」の創出～職場環境改善への取り組み

「働きがい」とともに大切な「働きやすさ」，介護事業所の採用広告を見ていると，他事業所との差別化を図る目的で「働きやすさ」のPRを行っているものをよく見かけます。

例えば……

- ライフステージに合わせた働き方（「夜勤専従職員」　等）。
- 紙での介護記録撲滅！音声入力，見守り機器導入，ゆくゆくは自動記録。
- 有給休暇は入社初日から５日付与，年に１回２週間の長期休暇。
- 処遇改善加算は管理者，夜勤に重点配分。
- 託児所（保育所），子供の看護休暇５日。
- 週休３日制（１勤務10時間），年間170日休み　等。

1 ワークライフバランスの取り組みとその意義

従来，「仕事の成果」と「職員の私生活」とは，全く別物という発想で，どちらかを得るには，どちらかを犠牲にするしかないと考えられていました。しかしながらこれからのワークライフバランスの考え方には，どちらも大切にすることが両者にとって有益に働き，相乗効果を生むことが分ってきました。

例えば，10時間の使い方として，バランスをとって「仕事５時間＋私生活５時間」で過ごす方法があります。またすこしゆとりをもって「仕事４時間＋私生活６時間」といった時間配分が良いように思われがちですが，それは誤解であり間違いです。なぜならこれは単にそれぞれの時間的な使い方のみにかたより，双方の相乗効果という視点では考えていないからです。相乗効果が生まれた状態とは，今まで10時間で100の仕事を行っていたが，同じ仕事を８時間で行った状態のことで，まさにそれは，「生産性向上」の取り組みにつながるのです。

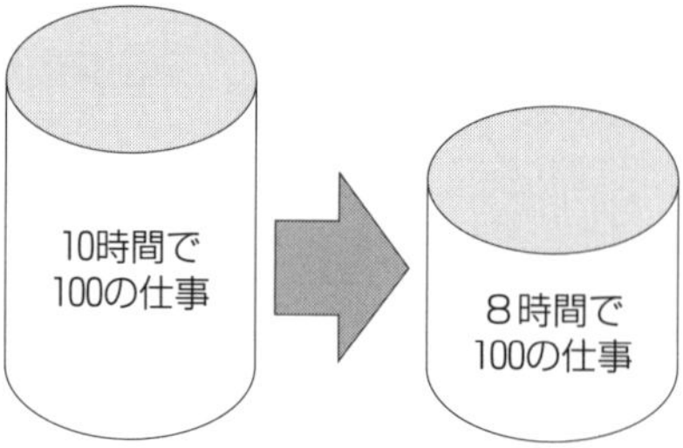

また，私生活の充実は，精神的にもまた肉体的にもゆとりにつながり，それが仕事へのモチベーションにもつながります。さらに，私生活の充実が図れるような福利厚生制度などで会社からの後押しがあれば，それを活用しやすくなりますし，何より，会社に対する感謝の念や忠誠心が高まることで，結果的に職場における定着率も上がるということにつながります。

1　ワークライフバランスのメリット

それではここで，ワークライフバランスの推進を図ることで，どのようなメリットがあるのか，当事者ごとで具体的に整理してみましょう。

①　法人側のメリット

生産性の向上により人材の効率的活用が可能になり，結果として収益面のメリットが実現し，持続的な成長を可能にします。また，働きやすさと働きがいのある職場作りによる優秀な人材確保・定着さらには地域における法人のイメージが向上します。

②　職員側のメリット

ワークライフバランスの実現による人生の充実（心身の健康，家族との時間・趣味・自己研鑽・社会活動など）を図ることが出来，結果として，人間力の向上につながります。家族：家族時間確保により幸福度がアップし，職員の家事・育児への参画により配偶者も仕事や趣味などの人生の充実や世帯収入のアップにつながります。

【残業を避け，ワークライフバランスを望む新入社員の増加】

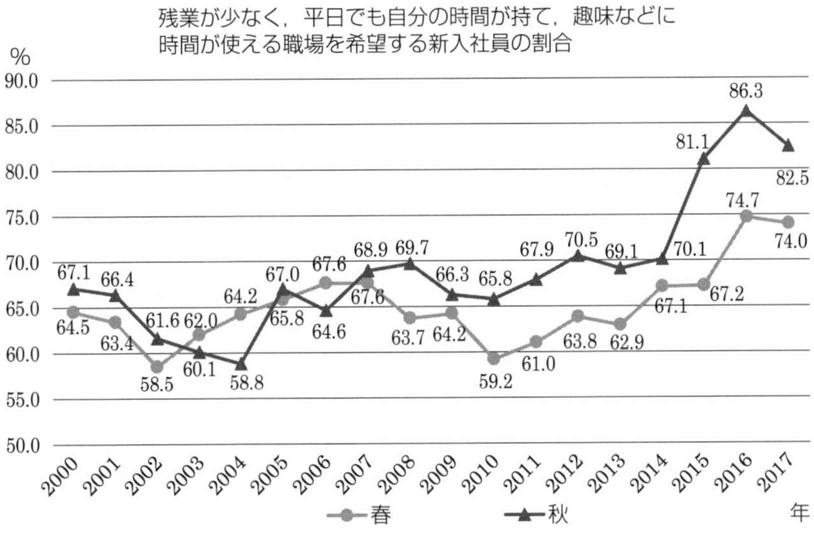

（出所：「日本生産性本部「2017年度 新入社員 秋の意識調査」」）

③　お客様，ご利用者のメリット

働き方改革により生産性向上や多様な人材の活躍が実現すると，職員満足度（ES）が高まり，結果としてお客様が受給できるサービスの品質が向上し，顧客満足（CS）が向上します。

しかしながら，それがわかっていても，なかなか取り組みが進まないというのが，各法人の実際のところではないかと思います。

事業所の経営者の方々と話していると，こんな声をよく聞きます。「大切な取り組みであることは分かっているけども，ただでさえ人手不足なのにそのうえ，残業削減，有給休暇取得促進によって現場が回っていくのか，サービスの低下につながるのではないか」。初めての取り組みゆえに，このような心配はよく分かります。しかし，取り組まないことへのデメリット，取り組むことへのメリットを考えて判断していくことが大切なのではないでしょうか。

介護業界を取りまく環境の変化への対応と，人材の確保（採用と定着），今後の法人イメージなどについて，それぞれに影響を洗い出したうえで考えてみてはいかがでしょうか。まずは，出来ることからスタートすることが大切のように思います。

それでは，次に，いくつか法人の取り組み事例をご紹介いたします。

1　多様な働き方・両立支援制度

介護の仕事はやりがいもあり，楽しいけれど，夜勤や泊り勤務はできない。子育て中の介護職にはそんな悩みが付きまといます。事業所側も，職員が結婚や出産で辞めてしまうのは悩みの種。仕事を続けてもらうにはどうするか。業界の常識をやぶり，日勤と夜勤を完全に分けた，東京都町田市にある特別養護老人ホーム「合掌苑桂寮」の事例です。

この法人の職員であるＡさんは，２歳の女の子のママです。この法人で，日勤の時短勤務で働き，遅い日でも夕方５時には子供を迎えに行きます。「気持ちを切り替えて，夕方以降は家事に専念できる。この働き方がなかったら，どうしていたか……」と言います。

（夜勤専従の職員の仕事風景）

特養や介護付き有料老人ホームといった入所施設には，朝まで働く介護職が必須です。「日勤」は朝７時からの早番，標準，遅番があり，遅番が午後９時までの勤務。午後９時から翌朝７時は「夜勤」のスタッフが働きます。日勤職員が交代制で夜勤に入ることはありません。「もっぱら日勤」職員に対して，法人内には，「もっぱら夜勤スタッフ」が20人います。勤務は週３，４日ですが，夜勤手当がつくので，賃金は一般に約35万円（税込）に上る人気職になっていて，求人を出しても比較的よく集まるということです。

夜勤専従の介護福祉士であるＢさんは，約10年のキャリアがあるベテランです。人の少ない夜勤の勤務には高いスキルが必要です。眠れない入所者の話し相手になったり，トイレへの誘導をしたりして過ごします。夜勤専従を選んだ理由を，「仕事もとことんやり，趣味も充実できるのでライフスタイルに合っている」と言います。オンとオフが明確だから，夏はダイビング，冬はスノーボードを楽しみます。「富士山にも登りたいし，スカイダイビングもやってみたい」と生活を謳歌しています。ライフスタイルが異なる二人ですが，介護に感じる魅力には共通点も多くあります。「いろいろなことを忘れてしまう人が，突然覚えていてくれることがある」「少し前のことも覚えていない人が，会話を覚えていることがあって，心の中がふわっとする」。大切な一日に寄り添って喜んでもらう，そんな魅力をこの仕事に感じていらっしゃいます。

【表１】の勤務表はある夜勤専従職員の２月の勤務表です。夜勤職員は非常勤職員（有期雇用）としていて，採用には夜勤経験５年以上を条件にされています。勤務は３ユニットそれぞれ１名ずつ配置，プラス，フリーで働けるスタッフが１名の計４名で担当されます。

事例では，１週目「月火水木―４日勤務」「金土日―３日公休」となります。翌週は「月火水―３日勤務」「木金土日―４日公休」となります。シフトは21時から７時で，夜勤手当は１回１万円です。４週間の場合には14日間の勤務となり，手当だけでも14万円，一か月の総支給額は35万円から40万円となります。

また，夜勤専従職員にも毎月１日だけは日勤帯の勤務日を作り，上長との面談や研修を実施するなどのフォローも行われています。また，２か月に一度は夜勤業務確認の意味合いで正職員が入り，安全にサービスの提供が継続してできるように努めています。

【表１　夜勤専従勤務表】

月	火	水	木	金	土	日
1	2	3	4	5	6	7
8	9	10	11	12	13	14
15	16	17	18	19	20	21
22	23	24	25	26	27	28

2　多様な働き方・短時間正職員制度

長野県上田市にある社会福祉法人の事例をご紹介いたします。当法人で行っている短時間正職員制度は，大きく「育児・介護型」と「WLB（ワークライフバランス）型」の二つに分かれます。現職員の約80％は女性職員なので，女性の働きやすさの実現のため，「育児・介護休業法」では不足している部分を独自の制度で補う事が，制度目的の一つです。また，職員の約半数が50歳を超えており，お子さんがそろそろ独立し始める年代でもあります。そうすると金銭的なゆとりもでき，自分の時間を持つための短時間労働のニーズが出てきました。そうした職員に対する働き方の選択肢を増やしたいということも制度目的の一つです。

育児介護型を活用できる職員は，未就学児か，要介護２以上の親がいる場合に取得できます。育児介護休業法だと育児休業は原則満３歳まで，介護休業は93日までなので，そこから先は法人独自の制度で続けてもよいというものです。WLB型は，50歳以上でかつ勤続５年以上の職員を対象にしています。

制度利用の際は，育児介護の場合には**【表2】**の短時間③を選ばれる方が多いとのことです。週５日働けるけど保育園の送り迎えがある方などが利用されています。一方，WLB型は短時間②を選ぶ方が多く，一日８時間は働く代わりに，休みが一日多い方が好まれるようです。勤務時間を短くしたいために退職されるのは，法人として，非常にもったいないという意識から，議論を重ねこのような制度を開始し多くの方が利用されているようです。

【表２　雇用形態別の就業と休日】

コース	勤務形態		休　日
普通時間①	週40時間勤務	すべての交代勤務	週１日以上，月９日
普通時間②	週40時間	日勤のみで夜勤はなし	同上
短時間①	１日８時間×週４日	すべての交代勤務	週２日以上月13日
短時間②	１日８時間×週４日	日勤のみで夜勤はなし	同上
短時間③	１日６時間×週５日	日勤のみで夜勤はなし	週１日以上，月９日

3　ICTの活用による業務軽減

宮崎県都城市の社会福祉法人「スマイリング・パーク」理事長の山田一久さんは「ICTを活用してまず施設職員の満足度を向上させ，離職率を減らすことが，サービスの質を高めることにつながる」と訴え，産学官民が協力し，こうした仕組みづくりを推進しています。

（スマイリング・パークの職員のみなさん）

- 興味や好きだという気持ち，ストレスなど「感性の度合い」を脳波から読み取り，介護を受けている人の気持ちを推し量る「ケア・コミュニケーター」
- 職員の声で介護の記録を入力し，パソコンやiPadなどタブレット端末に電子化できる音声入力支援システム「ボイスファン」
- 専用のベッドで寝返りなどの動きを感知し睡眠中の入居者を見守る「眠りSCAN」
- 体温や血圧，脈拍などの利用者のデータを看護職員や在宅のケアマネジャーなど多職種が携帯端末などでリアルタイムに共有できる「バイタルリンク」

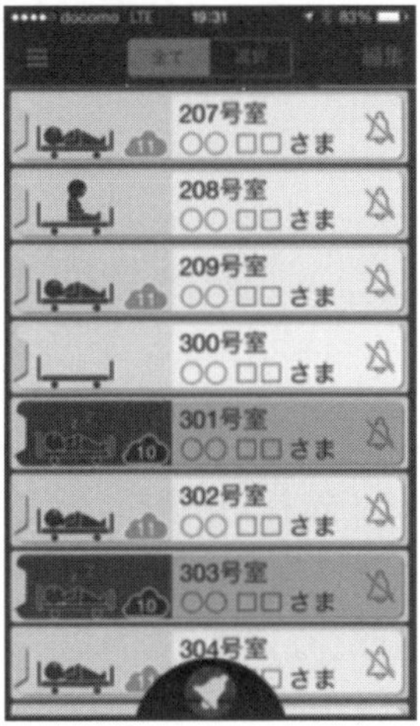

（ICTの取り組み事例）

「働く人が幸せを感じ，余裕がない限り，入居者や利用者にその幸せを分け与えることはできない」。導入した最大の狙いは，介護職員の“働く場の環境改善”である，と理事長の山田さんは指摘します。

要介護度の重い入居者・利用者との意思疎通の困難さは職員のストレスにつながります。

また，介護には膨大な記録が欠かせず，介護報酬の不十分さも背景に離職者が後を絶たず，離職率は今でも全国で16.2％（2017年度）に上ります。同法人の離職率も当初は25％（03年度）に達し「介護ニーズに対応するどころか，サービス自体が提供できなくなる」と危機感があったといいます。

手書きに依存していた記録を電子化すれば残業の大幅減につながり，入居者，利用者の情報を瞬時に全員が共有できれば，ケアに専念できます。結果的に介護の質が向上するのでは，そう考え，大学やベンチャー，大手企業とも積極的に情報交換を重ねてさまざまなICTを導入されました。

機器による見守りで，職員が手薄な時間帯の不安感も軽減され「職員のことを考える魅力ある施設として評価されるようになった」（山田さん）。

結果，ここ３年間の離職率は３％と激減。居宅介護や訪問看護，デイサービスなど事業も拡大し，スタッフもここ５年間で200人増え，事業収入も３倍になったということです。

介護は経験や知識のある「人間」が行うことが良いと判断されがちなため，ICTは人の手によるケアに比べて冷たい印象がつきまとい，敬遠される面もあります。法人内でも一部のベテラン職員らから反対の声が上がりました。「パソコンができない」「手書きより入力に時間がかかる」「顔を付き合わせた申し送りが軽視される」と不安視されたことなどが理由でした。

同法人では「優しく教える」職員を配置し，決して無理強いせず，簡単な無料通信アプリ「LINE」などの操作から慣れてもらいました。山田さんは「段階を踏んで丁寧に研修を進めるなど慎重な対応が必要。そうするとICTへの嫌悪感も薄れていく」と導入に関する職員の抵抗感の排除も重要と指摘されます。

4　「働きやすさ」の創出に向けて

　これらの事例に共通しているのは，実際にそれを活用する職員の立場に立ち，従来の形にとらわれる事なく，「職員が働き続けたくなるような職場」とは，どのような職場なのかを改めて見直すことからスタートしていることです。それを考え，議論していくことで事業所ごとに取るべき施策は見えてくるのではないでしょうか。

2 介護業界における労務管理の問題点

介護現場では労務問題が多発しています。日々，介護事業所に訪れていて，労務問題がまったくないという事業所は１社もありません。「ない」と言い切る方もおられますが，それは現場が見えていないにすぎません。なぜ，介護業界は多くの労務問題が発生しやすいのでしょうか。まずは，労務管理に関する知識が不足している現実があります。

特に現場の管理者が，人を管理する上で知っていなければならない労働法の知識が絶対的に欠如しているケースが多いのです。これは一般職であった方が，ある日突然，管理者に任命されるか，もしくはそれに近いような実態があり，労務管理に関する管理職教育が欠如していることが大きな要因と思われます。

次に現場には多くの専門職（介護，看護，相談，リハビリ職等）がそれぞれの決まった勤務シフトに応じて就労しています。また施設系事業所では夜勤の勤務があり，また訪問介護などの在宅介護は，事業所外での勤務時間が多く，シフトで勤務予定時間が定められているので「みなし労働」も適用されない為，労働時間管理に特有の難しさがあるのも事実です。

また，介護保険には職員のサービス提供時間にて保険請求を行いますが，その保険請求につながるサービスを提供する時間と労基法上の労働時間とは，「ズレ（例えば訪問介護の移動時間など)」が生じるなどもその要因の一つであると考えます。それらの実情を踏まえたうえで，我々社会保険労務士は事業所の労務管理を指導していく必要性があります。

1 介護事業所の労務管理で，まずチェックしてほしい内容はこれです

これは弊社の日ごろの支援の中で，介護事業所に共通している労務の課題を一覧にした内容です。またこの内容は，労働基準監督署からの調査でも確認が行われる事項でもあります。これから介護事業所の支援を始められる方にはチェックリストとしてご活用いただければと思います。

【チェックリスト】

1　雇用契約書または労働条件通知書が漏れなく発行されているか。

2　就業規則の周知方法（「誰でも許可を得ることなく見ることが出来る」状態であるか）

3　労働時間

(1)　タイムカード等で労働時間の記録はあるか。

(2)　労働時間の切り捨ては行っていないか。

(3)　労働時間の自己申告を行っている場合，客観的な記録に大きな差異はないか。

(4)　変形労働制を採用している場合，運用が適性に行われているか。

- 原則としてあらかじめ決めたシフトで労働させているか。
- シフト表と出勤簿が合致しているか。
- 「日常的な変更」が行われている場合には「変形労働制」は認められない。

(5)　固定残業代の運用が適正に行われているか。

- 固定残業代で支払われている割増賃金額の該当時間数の明示，超過時間分の差額支払い
- 上記内容が労働者に周知されているか。

(6)　３６協定の締結・届出が適正に行われているか。

- ３６協定の締結・届出事業者である労働者の過半数代表者は協定を締結することを明らかにして民主的な方法で選任することが必要になる。
- ３６協定に記載されている労働時間の限度基準を順守しているか。

(7) 代休と振り替え休日の運用を混同していないか。

4 管理監督者問題

- 管理監督者の範囲設定は適当か。
- 「組織の長以上の者」であることが求められる。
- 人事上の権限（人事権），出退勤の自由度，報酬の額。特に報酬額が重要。
- 管理監督者でも深夜の割り増しは払っているか。
- 管理監督者でも健康管理の観点から労働時間管理をおこなっているか。

5 賃　　金

(1) 賃金台帳は適正に作成されているか。

(2) 賃金の控除項目がある場合に賃金控除協定が締結されているか。

(3) 雇用契約に記載のある給与（基本給，手当）と賃金台帳の給与と食い違っていないか。

(4) 割り増し賃金の算定方法が適法であるか。

限定除外「家族手当・通勤手当・別居手当・子女教育手当・住宅手当・臨時に支払われる賃金・１か月を超える期間ごとに支払われる賃金」

特に，住宅手当（「住宅に関わる費用に基づき算定」）は注意。

(5) 訪問介護ヘルパー社員の移動時間を適法に支払っているか。

6 年次有給休暇

(1) パート・アルバイト労働者でも要件を満たせば付与しているか。

(2) 取得記録が有休管理簿などで管理されているか。

(3)　５日間の取得義務対象者が明確か，取得日数を満たしているか。
(4)　５日取得義務，時季指定権について就業規則に記載があるか。
(5)　年次有給休暇の取得手続きが適正であるか。
(6)　取得手続きを明確に定め，労働者に周知しているか。
(7)　年次有給休暇の賃金の支払いは適正であるか。特にパート・アルバイト。
(8)　年次有給休暇の買い上げを行っていないか。
(9)　年次有給休暇取得者に対し，不利益な取り扱いは行っていないか。

7　労働安全衛生法関連

(1)　労働者数・業種に応じた安全衛生体制は構築されているか。
- 特に衛生管理者，産業医の選任。
- 安全委員会。衛生委員会を毎月開催し議事録を３年間保存しているか。

(2)　健 康 管 理
- 健康診断は適切に実施されているか。
- 健康診断後の措置が講じられているか。
- 医師の面接指導を実施しているか。
- ストレスチェックを実施しているか。
- メンタルヘルス対策を実施しているか。

2　是非知っておいてほしい業界特有の知識と問題点

介護業界はトラブルが多いにも関わらず，傾向として就業規則やマニュアルに対する意識が希薄な印象を受けます。開設時にどこからか入手したサンプル規定をそのまま活用している事業所も少なくありません。しかし，サンプルはあくまでサンプルです。事業所の実態にあわせアレンジしていくことが必要ですし，定期的に見直していく必要があります。

問題職員に対して，なんらかの対処をしたくても，それを可能にする規定がなく対処できなかったなどのケースは相変わらず多い状況です。また，就業規則をそのまま放置していたがためにモチベーションが低下し，離職してしまったり，その問題職員の影響で精神不調を訴えたりするようなケースも多いようです。それらの課題を未然に防止するために必要となる労務管理を具体化していくものが就業規則です。

今後，介護事業所の労務管理の支援を行う社労士の皆さんに向けて，是非，留意いただきたい点を列挙させていただきますのでご参考にしていただければと思います。

1　試用期間について

採用後，事業所ごとに試用期間を定めているものと思いますが，この試用期間についても，トラブルが増えているので正しい理解が必要です。まず，試用期間ですが，一定期間職場で働いてもらい，その期間中に職員として適格かどうかを判断する，といった考え方が一般的です。この試用期間については，就業規則に定めることで，延長や短縮，本採用とは異なる（賃金などの）待遇での契約といった運用が可能になります。

この期間自体は事業所によって任意に定めることができますが（通常３か月から６か月程度が一般的），例えば１年に設定するなど，不当に長く設定した場合には，労働者の権利を害するとして，無効になる場合もあります。また最も注意していただきたいのは試用期間中はいつでも「解雇」が許されると思い込んでいる経営者の方も多くいらっしゃいます。これは誤りで，試用期間であろうと解雇については一般の職員と同様，入職後14日を超えれば予告手当が必要ですし，安易に解雇が認められないのは一般職員と同様です。

ただ，本採用に拒否（事実上の解雇）事由が就業規則に明記されていて，採用時の「面接などでは予見できなかった事実」として該当すれば，それは認められます。ここで大切な事は，「本採用拒否」の事由を就業規則に記載しておくように社労士が指導をしていくことです。

【「本採用拒否」に関する就業規則の記載例】

① 遅刻，早退，欠勤が複数回あり，出勤状況が不良の場合。
② 上司の指示に従わない，同僚との協調性が乏しい，誠実に勤務する姿勢が乏しい等の勤務態度が不良の場合。
③ 必要な教育を施したものの法人が求める能力に足りず，改善の見込みが薄い場合。
④ 経歴を偽り，その他不正な方法を用いて採用された場合。
⑤ 反社会的勢力若しくはそれに準ずる団体や個人と関係があることが判明した場合。
⑥ 督促しても必要書類を提出しない場合。
⑦ 健康状態が思わしくなく，今後の業務に耐えられないと認められる場合。
⑧ 法人の事業に職員として採用することがふさわしくないと認められる場合。
⑨ 懲戒解雇などの解雇事由に該当する場合。

ただし，気を付けなければならいのは，試用期間は職員の教育や指導をする期間でもあるので，仮に本採用拒否理由に該当しても，いきなり解雇が認められるわけではありません。その期間でどのような教育・指導をしたかが重要なポイントになります。

また，試用期間でも労働保険，社会保険は，加入条件が満たされていれば，採用当初から加入しなければなりません。事業所の中には，定着することを見極めてから加入の手続きをしたい，ということで手続きを見合わせる事業所もありますが，それは適法ではなく，そのような目的があるならば，最初の雇用契約の内容に注意する必要があります。

2 職員の「解雇」を考えたときに留意すべきこと

この点については介護業界固有の問題ではないのですが，やはり「このような場合に職員を解雇しても問題ないか」といったご質問は多いように思います。

この点で，最初に事業主にお伝えしているのは，いわゆる「解雇予告手続き」と「不当解雇の判断」は，法的にはまったく次元の異なるものであるということです。

ご承知のとおり解雇予告は，解雇を行う場合には１か月前の告知が必要になりますが，これはあくまで解雇を行う場合の手続き上の問題に過ぎず，その解雇の正当性を判断するものではないということです。この点について，誤解されている介護事業主の方はまだ多いように思います。

次にやむを得ず，解雇を行う場合に「不当解雇」にならない為の指導も重要な点です。そのポイントを４つ挙げておきます。

まず**1点目**は遅刻や欠勤が多いかどうかです。出勤率８割が目安になりますが，そのうえで遅刻や欠勤が解雇に該当するかどうかを検討する必要があります。但し無断欠勤や虚偽報告などが確認された場合，この限りではありません。

2点目は経歴を詐称していた場合です。軽微なものであれば解雇事由には至りませんが，就業規則上で「採用を決定する上で重要な経歴詐称であれば，解雇に該当する」旨の規定があれば，解雇することは可能です。医療機関や介護事業所では有資格者が多い職場ですので，採用時には資格証などで資格確認は必須となります。

3点目は協調性がないという理由です。もちろん単に協調性が無いという理由で即解雇はできません。あくまで業務上の支障が生じ，配置転換や指導を行ったうえで改善が無い場合は，減給や降格といった懲戒処分を経て，最終手段として解雇ということになります。この場合，状況証拠の積み重ねを怠らないでください。

4点目は能力不足です。一般的には採用時の条件が大きく左右します。例えば，管理職で採用された人が，期待されている責任を全く果たしていない場合などです。採用の際に，管理職としての責務，求める能力，職務内容を詳細に記録し，また雇用契約書の業務内容にも具体的に明示しておく必要があります。

一般職の場合には，当然ながらいきなり解雇というわけにはいきませんので，繰り返し具体的な指導を行い，改善に努めなければなりません。それでも変化が見られなければ懲戒処分を行い，最終的な手段として解雇という判断に至ることになるのでしょう。

この問題はとても重要な点なので，実際に相談のあった具体例でご説明いたします。相談内容は以下の通りです。「とても真面目で一生懸命な職員なのですが，利用者，家族との対応，そして職員同士でも，人と目が合わせられず，日常の会話すら動揺したようになってしまい必要な受け答えが出来ません。ケアのうえでも自分がしていることに手いっぱいで，利用者が不快や苦痛を訴えてもまるで目に入りません。入職後１年経過しましたが，改善は見られず，このままでは利用者の安全に支障がある状態です。またこの方が出来る仕事に限定して配置する余裕は当施設にはありません。このような状況で解雇はできるのでしょうか」。とても切羽詰まったご相談で，事態は深刻でした。まずは解雇に関するリスクについて事業主に説明させて頂きました。

解雇をめぐる判例はたくさんありますが，まずは，就業規則に解雇の規定が具体的に記載されており（限定列挙）で今回はそれに該当するかどうか，次に該当するとしても，再三指導したにも関わらず改まらなかったかどうか。もちろん他にも争点はありますが，「指導も，ロクにしていないのに，いきなり解雇は処分が重すぎる」ととられてしまえば，多額な金銭での解決に持ち込まれる可能性もあります。

具体的な対処として，２つのステップでお伝えさせて頂きました。最初のステップでは，まずこの職員に「今後も介護職員としてやっていく気があるのか」を確認する必要があります。なにより本人がやる気がないならば，始まりませんし，また本人から「実は向いていないと思っていたので辞めようかと悩んでいたところです」といった回答が返ってくることもあります。その場合には自主退職で，ということになりますが，やる気はあるが，やり方がわからず困っているということならば，それは管理者が身を削ってでも一緒に改善していく問題になります。

その場合の伝え方として，例えば「○○さんが本気で改善しようとする意志があるのならば，一緒にこちらも一つずつできるように，こちらも今まで以上に本気で指導していきます。それで1か月，まずは目標に向かって出来るようにしていきましょう。これは最後のチャンスです。それでも成果が出なければ，〇〇さんも自分自身を見つめ直した方がいいと思います。何が自分に合うかえを考えてもらわなければならないかもしれません。こちらも本気で指導していきます。すべては〇〇さんの頑張り次第ですよ」これはいわば，管理者の決意表明と最後通告ということになります。

もし職員が「一緒に頑張る」といった場合は，次のステップになります。ただ，なんとなく背中をみて覚えてくれればというスタイルの指導が多いのですが，今回についてはその方法では通用しません。徹底して目標管理を行い「何ができていないのか」「何をいつまでにできるようにするのか」「できるようにするためには具体的に毎日何を行うのか」など，出来る限り進捗率〇％などで，数値に表すことをお勧めします。「大体できた」というあいまいな判断にならないことが重要です。

また管理者としては指導記録を毎日残すことです。何を指導したか，まだ何ができない。何ができるようになった，というように明確に記録に残します。そして，何度も同じ過ちを繰り返すときには，口頭だけでなく「改善案」を文書で提出させる必要もあります。

指導記録や改善案といった，紙で残すことは，後々，事業所リスクの回避につながります。再三の指導と記録の保管を繰り返していき，それでも改善が見られなければ，その時点で解雇を考えてもいいかもしれません。再三指導した記録が保管されていますので，万が一訴えられた場合でも，その記録を提出することはできます。しかし，これには，何度も言うようですが，「再三」指導することが要求されます。1回や2回指導しただけで指導不足という判断になりますので，十分に気を付けてください。

そして，最後に，指導は「愛情をもって，関心をもって行うこと」が重要です。解雇ありきで，証拠残しの為だけに指導したのでは，無用なトラブルを招くだけですし，また裁判になったときも，そのことは見抜かれるケースが多く，結果が不利に働くケースが多いようです。それより本気で指導すれば，職員に

は確実に伝わります。本気の愛情をもって再三の指導を行うことが大切だと思います。

3 出勤，退勤時間，労働時間管理

始業時刻＝出勤時刻，終業時刻＝退勤時刻という認識で時間管理を行っている事業所もいまだ多くあります。少なくとも職員にはこのような認識の方は多いと思われます。またこのような管理をしている事業所の中には，例えば終業時刻と退勤時刻が違っている場合に，一律，退勤時刻を終業時刻とみなす，という管理をしている事業所もあります。それは「仕事は終わっているのに勝手に残っていた」それは残業ではない，という理由からです。

このような事業所には，労働時間の定義についてまずは指導教育する必要があります。つまり始業終業時刻と出退勤時刻は違うという認識をまずは持っていただくことです。労働時間に関する意味を理解することで，その時間管理意識を持って業務を遂行していくことは，今後，さらに重要なポイントになります。

そのためには，まず指導いただきたいのは，時間外労働の「許可制」です。当然ながら業務は所定時間内に行うのが前提ですが，事情により残業になりそうな場合には，その理由と終業時刻を明記し，許可制とする必要があります。それにより，所定外労働割増をつける時間が明確になりますし，何より大切なことは時間管理に意識を高めることができます。ただし，残業の許可制を規定に定めていても，許可を受けない残業のすべてが無効になるかというとかならずしもそうではありません。

通常の業務をこなすうえで，所定時間内に終わらないような業務量を要求したならば，残業時間に対して，黙示の承認があったということになり，残業時間に該当するという判断になりますので，適宜の指導が必要になります。

厚生労働省の「労働時間の適正な把握のために使用者が講ずべき措置に関する基準」を参考までに下記いたします。

① 使用者は，労務時間を適正に管理するため，労働者の労働日ごとの始業・終業事項を確認し，記録すること。
② 始業・終業時刻の確認・記録については，原則として
・使用者が自ら確認して
・タイムカード等客観的な記録を確認すること。
③ 自己申告によりこれを行わざるを得ない場合には
・適正な自己申告等について労働者に十分説明し
・自己申告と実際の労働時間が合致しているか必要に応じて実態調査を行う等の措置を講じること。

4 労基法上の「管理監督者」と各事業所の「管理者」を混同

労働基準法41条の除外規定として，労基法上の管理監督者は深夜業務を除く，労働時間に関する規定は適用されないと定めています。

ここでいう，「管理監督者」とは，

① 人事を含む経営への参加があるか（いわゆる異動を含む人事権で，評価しているだけでは不十分）。
② 自分自身の勤務時間について自由裁量が認められるか。
③ 一般職員と比べて，十分な報酬をえているか。

これらの３点を，勤務の実態として適用されている必要があります。単に役職名では判断できません。また，介護事業所は勤務シフトで，ほとんどの場合勤怠が運用されておりますが，**勤務シフトに入っている働き方をして職員は，勤務時間の自由裁量がないので「管理監督者」ではない一般職員とみなされると考えてください（職務の性質により例外はありますが）。**

そう考えると，介護事業の場合にどこまでの範囲を労基法上の管理監督者というのでしょうか。介護保険上の管理者，生活相談員，主任などについて，労基法の定めによって休日，時間外労働の規制をうけない「管理監督者」に該当

するかどうかを，具体的な権限や給与，勤務実態で判断が必要ということになります。特に最近，労働基準監督署が判断のポイントに置いているのは「給与，手当」の水準が，しかるべき水準にあるか，ということのようです。一般的には，理事長，社長，施設長，事業所長，事務長くらいまでが該当するといっていいでしょう。つまりそれ以外の方々には，原則として休日を含む所定外手当を支払わなければならないということなります。それを知らず，残業手当を支給していない場合には，労働基準監督署からは残業代未払いの扱いとして，「２年間分を遡及して」支払うといった是正勧告を受ける場合があります。

5　通勤手当について

特に在宅関係の事業所（通所デイサービスや訪問介護事業所）の職員には，多岐にわたる手段で通勤される方が多いので，その規定方法についても留意が必要です。

第１に通勤手当支給の目的を明確にしておくことです。例えば，「通勤に対する賃金」として支給するならば，自転車で通勤した場合にも支給されます。しかし一般的には，「交通機関に支払う料金」として支払う場合が多く，自転車の通勤には支給されないケースがほとんどです。この点を曖昧にしておくと，規程内容によっては本来支給されない場合でも支給せざるを得ないケースも生じます。

第２に距離と上限金額です。一般的に距離は片道２キロを超える場合と規定している場合が多いと思います。

6　夜勤と宿直の違い

夜の泊まり勤務には「夜勤」と「宿直」があり両者には大きな違いがあるので注意が必要です。また，ともに介護福祉施設では運用されている制度です。まず，夜勤とは法定労働時間の原則一日８時間，１週40時間の労働時間の枠内で夜勤に勤務する形態です。深夜の時間帯である午後10時から午前５時までの勤務は深夜割り増し手当を支払わなければなりません。

一方宿直勤務とは，事業所内の巡視，文書，電話の収受または非常事態に備えて待機するもので，常態としてほとんど勤務する必要のない勤務をいい，労働基準法の，労働時間，休憩，深夜の割増賃金に関する規定は適用されません。ただし，例外的な取り扱いであるため，労働基準監督署長の許可が必要になります。

さらに，社会福祉施設の宿直勤務については，常態としてほとんど勤務する必要のない勤務であることのほか，次の要件がすべて満たされなければならないという通達がありますので，このことも知っていく必要がるでしょう。

①　通常の勤務時間の拘束から完全に開放された後のものであること。 ②　少数のものに対して行う夜尿起こし，おむつ取り換え，検温などの介助作業であって，軽度（おむつ取り換え，夜尿起こしであっても要介護者が抱きかかえる等身体に負担がかかる場合を含まないこと）かつ短時間の作業（介護作業が一勤務中に１回ないし２回含まれていることを限度として，１回の所要時間が10分程度のものをいうこと）の作業に限ること。 ③　夜間に十分睡眠がとれること。

7　訪問介護の労務管理

ヘルパー職員の労働時間について

ヘルパーさんの労働時間と移動時間について

まずは下記のとおり三つのケースを想定して労働時間の範囲をご説明いたします。

		労働時間（休憩時間を除く）					
ケース①	自宅から Ａさん宅へ 直行	Ａさん 宅で介護 サービス	事業所 へ移動	事業所で 勤務(休憩 時間含)	Ｂさん 宅へ 移動	Ｂさん 宅で介護 サービス	自宅へ 直帰

このケースでは，Ａさん宅での介護サービス開始時間から，Ｂさん宅での介

護サービス修了時間までの時間が労働時間になります（休憩時間は除く）。

ケース②

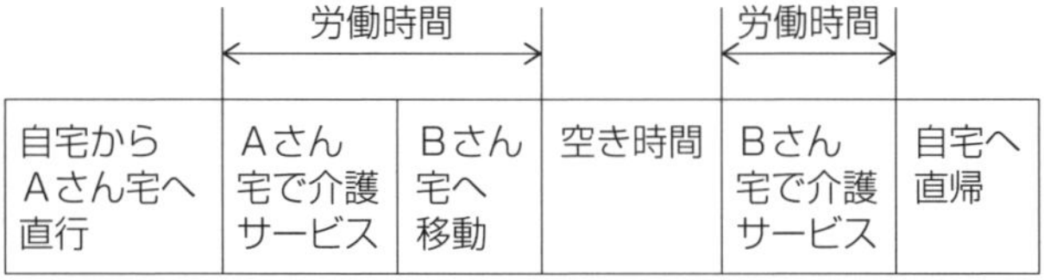

このケースではＡさん宅での介護サービス時間，Ｂさん宅への移動時間及びＢさん宅での介護サービス時間が労働時間となります。この場合の「あき時間」は，Ｂさん宅でのサービス時間の調整時間として，労働者の自由時間が保障されていれば，労働時間とする必要はありません。つまり賃金を支払う必要はありません。

ケース③

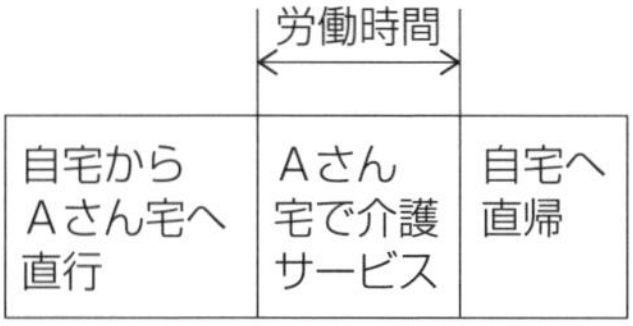

この場合，Ａさん宅での介護サービス時間だけが労働時間になります。

【労働時間に関する留意点】

① 移動時間（ケース②ではＢさん宅への移動時間）を実態時間にあわせ評価し，空き時間と区別する必要があります。実態時間の把握は数回程度のヘルパーさんからの申告に基づき，概算の時間を決めて頂ければ結構です。

②「空き時間」とは労働者の自由利用が保障されている時間で，「待機時間」とは異なります。「待機時間」は会社が待機を命じ，急な依頼にいつでも動けるように指示をした時間を意味し，この場合は労働者の自由は保障されていません。

③ また「移動時間」の時給ですが，最低賃金以上であれば問題はなく，介護業務に直接従事する時間の時給とは異なる扱いで問題ありません。多くの事業所様はこのような扱いをされています。但し，就業規則に明記する

必要はございます。

8　ヘルパー職員の有休管理について

ご承知の通り，働き方改革の中で2019年４月から「年次有給休暇」の義務化が施行されました。介護業界は，慢性的な人手不足の状態で，従来から有休消化は比較的進まない業界です。特に登録ヘルパーや，一般的なパート職員のように勤務日数や労働時間が少ない人はほとんどの方で有休は取得できていないのが実態ではないかと思います。

登録型ヘルパーの場合には，一日８時間という就業形態ではなく，１～２時間ということも日常的にあります。現行の制度上，有給休暇は労働日でカウントされるため，一日１時間の労働日である登録型ヘルパーであっても，有休を付与しなければならないということになります。ただ，実態として，訪問介護の現場では，有休を取得させている事業所は少ないようです。

ここにも業界の特殊性があるのですが，訪問介護の業界では，ある利用者Aさんの訪問介護サービスを，いつもの方の代わりのヘルパーがうまくカバーができるかを考えると有休をなかなか使用させづらいという面もあります。

また人件費の問題もあります。正規職員より少ないとは言え，有休を使用させることは，代わりのホームヘルパーの賃金が発生します。収支を考えると厳しい状況もあり，現場では有休使用を恐れ，雇用契約や就業規則に記載しないというケースが非常に目立っています。

しかし，最近では，首都圏や都市部を中心に，優秀なヘルパーの確保やコンプライアンス強化のため，登録ヘルパーに有休付与を周知し，雇用契約への明示，有休付与に関わる具体的な運用規定を整備している事業所も増えてきています。

9　ヘルパー職員の移動費について

労働時間にかかわる賃金について，サービスによる時間給（身体介護・生活介護）が設定されている関係上，移動時間の時間給も設定しておく必要があります。移動に要する手当として支給される場合が多いのですが，この部分は介護保険では請求できないために事業所の持ち出しになります。

移動手当〇〇円として支給しているケースや，時給に移動費を含むケースもあります。この場合には，時間給1,300円の中で，移動に要する手当額はいくらか，何分に相当する移動手当額が含まれているかなどの内訳を説明できるようにしておかなければなりません。移動手当額を含んだ結果，一時間当たりの最低賃金額を下回らないようにしなければなりません。この点も社労士として押さえておかなければならない点でしょう。

10　賃金・処遇改善加算について(1)

社労士が介護業界の人事・労務を支援するに際し，避けて通ることができないのが，介護職員処遇改善加算です。介護職員処遇改善加算とは，介護職員の賃金水準を改善することで，介護人材の確保に向けた重要な行政施策で，平成21年から10年以上続いている制度です。

それは介護保険を主な財源として，事業所が加算として取得できるもので，事業所はそれを全ての介護職員の賃金改善に使用しなければならないとする仕組みです。事業所は，その加算取得のためには一定の要件（キャリアパス要件）を満たさなければなりません。

【介護職員の処遇改善についての取組】

これまでの実績を合計すると，月額57,000円となる。
（自公政権＋51,000円，民主党政権＋6,000円）

施設・事業所における処遇改善

平成21年４月（麻生内閣）
平成21年度介護報酬改定＋３％改定
（介護従事者の処遇改善に重点をおいた改定）
→ 月額 ＋ 9,000円（実績）

平成21年４月（麻生内閣）
処遇改善交付金を措置（1.5万円相当）
→ 月額 ＋ 15,000円（実績）

平成24年４月（野田内閣）
平成24年度介護報酬改定
処遇改善交付金を処遇改善加算として
介護報酬に単純に組み込む
→ 月額 ＋ 6,000円（実績）

平成27年４月（安倍内閣）
平成27年度介護報酬改定
処遇改善加算の拡充（1.2万円相当）
→ 月額 ＋ 13,000円（実績）

平成29年４月（安倍内閣）
平成29年度介護報酬改定（臨時）
ニッポン一億総活躍プラン等に基づき，
処遇改善加算を拡充（1万円相当）
→ 月額 ＋ 14,000円（実績）

※　実績は全て「介護従事者処遇状況等調査」によるが，それぞれ調査客体等は異なる。
（財務省の公表資料より）

現状（2019年末）の処遇改善加算取得要件は以下のとおりです。

①　職位，職責，職務内容等に応じた任用要件と賃金体系を定めること等（キャリアパス要件Ⅰ）。

②　資質向上のための具体的な計画を策定し，研修の実施または研修の機会を確保していること等（キャリアパス要件Ⅱ）。

③　経験もしくは資格等に応じて昇給する仕組みまたは一定の基準に基づき定期に昇給を判定する仕組みを設けること（キャリアパス要件Ⅲ・詳細は後述します）。

④　そのほか，職場環境要件として賃金以外の処遇改善を実施すること。

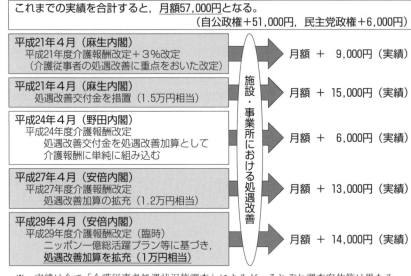

【処遇改善加算全体のイメージ】

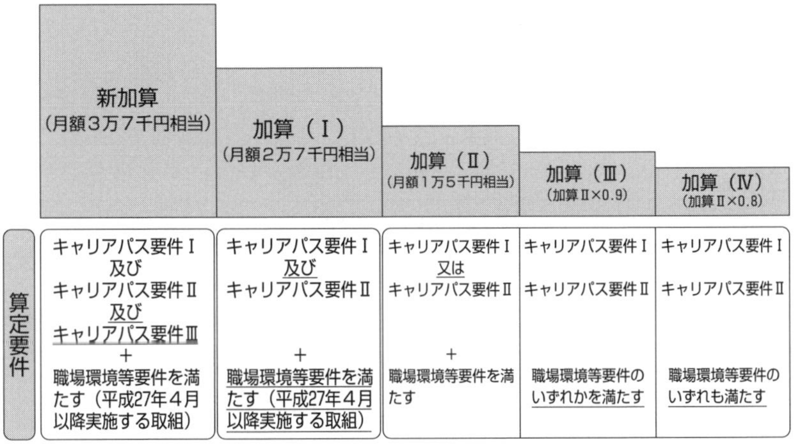

算定要件	新加算 (月額3万7千円相当)	加算（Ⅰ） (月額2万7千円相当)	加算（Ⅱ） (月額1万5千円相当)	加算（Ⅲ） (加算Ⅱ×0.9)	加算（Ⅳ） (加算Ⅱ×0.8)
	キャリアパス要件Ⅰ 及び キャリアパス要件Ⅱ 及び キャリアパス要件Ⅲ ＋ 職場環境等要件を満たす（平成27年4月以降実施する取組）	キャリアパス要件Ⅰ 及び キャリアパス要件Ⅱ ＋ 職場環境等要件を満たす（平成27年4月以降実施する取組）	キャリアパス要件Ⅰ 又は キャリアパス要件Ⅱ ＋ 職場環境等要件を満たす	キャリアパス要件Ⅰ キャリアパス要件Ⅱ 職場環境等要件のいずれかを満たす	キャリアパス要件Ⅰ キャリアパス要件Ⅱ 職場環境等要件のいずれも満たす

（注）「キャリアパス要件Ⅰ」……職位・職責・職務内容等に応じた任用要件と賃金体系を整備すること
「キャリアパス要件Ⅱ」……資質向上のための計画を策定して研修の実施又は研修の機会を確保すること
「キャリアパス要件Ⅲ」……経験若しくは資格等に応じて昇給する仕組み又は一定の基準に基づき定期に昇給を判定する仕組みを設けること
※ 就業規則等の明確な書面での整備・全ての介護職員への周知を含む。
（出典：介護保険部会）

新設された処遇改善加算Ⅰ（加算の中で，もっと大きな加算率で加算金が支給されるもの）については，キャリアパス要件Ⅰ・Ⅱ・Ⅲのいずれも満たせば取得可能となります。キャリアパス要件Ⅲの「昇給」は基本給による賃金改善が望ましいのですが，その支給方法は，基本給，手当，賞与を問わないとされています。ただし，非常勤を含めてすべての介護職員が対象となりえるものである必要があります（全員に支給しなければならないという意味ではない）。

【キャリアパス要件Ⅲの要件（厚労省資料より）】

現行の加算

職位・職責・職務内容等に応じた賃金体系

職位	月給例
主任	36万円
班長	32万円
一般	28万円

どのような場合に昇給するのか必ずしも明らかではない。

新加算

事業者において以下の①～③のいずれかに応じた昇給の仕組みを設けることを新たに要件とする

（就業規則等の明確な根拠規定の書面での整備・全ての介護職員への周知を含む）※昇給の方式は，手当，賞与等を問わない。

（例）①経験

職位	勤続年数	月給例
主任	6年～	36万円
班長	3～6年	32万円
一般	～3年	28万円

（例）②資格

職位	勤続年数	月給例
主任	事業者が指定する資格を取得	36万円
班長	介護福祉士	32万円
一般	資格なし	28万円

（例）③評価

職位	勤続年数	月給例
主任	延長試験でS評価	36万円
班長	一般試験でA評価以上	32万円
一般	一般試験でB評価以下	28万円

※1　「経験」…「勤続年数」「経験年数」などを想定。

※2　「資格」…「介護福祉士」「実務者研修修了者」などを想定。ただし，介護福祉士資格を有して当該事業所や法人で就業する者についても昇給が図られる仕組みであることを要する。

※3　「評価」…「実技試験」「人事評価」などを想定。ただし，客観的な評価（採点）基準や昇給条件が明文化されていることを要する。

（出典：介護保険部会）

結論から言うと，当該加算は処遇改善加算Ⅰを取得することが，人材確保においては絶対条件になります。なぜなら処遇改善加算Ⅱ，Ⅲしか取得できない事業所は，Ⅰを取得している事業所と比較すると，人件費にかけられる金額が減ってしまい，人材確保において劣勢になってしまうからです。

ただし，処遇改善加算の取り扱いについては，今後政府の方針により当該加算の変更もありうることから，下記のような規定を賃金規定に入れておくことをお勧めしています。

※　手当や賞与等の一部に当事業所が国より受けている『処遇改善加算』により支給された金額が含まれる。処遇改善加算が含まれる各種手当等には明記する。処遇改

善加算により事業所へ支給された金額は各年余すことなく，全額職員の処遇の改善として使用する。ただし，処遇改善を使用している手当等は，国からの処遇改善加算の支給が終了した場合や減額した場合，若しくは処遇改善の支給方法を変更した場合には，手当等の額を変更・廃止する事がある。

また，支給対象者についても，常勤，非常勤を問わず，また一部の介護職員のみを対象にする（あるいは対象にしない）ことも可能です。ここでいう介護職員とは，事業所に勤務する事務職員や送迎職員は含まれず，実務的に介護現場に従事し，その実態が「介護現場勤務シフト表」等に記載されている職員が対象になります。

11　賃金・処遇改善加算について(2)

また，事業所からの質問として，よくお受けする内容で「この経費等の支払いは賃金改善に含まれるか」というものがあります。つまり，処遇改善加算を財源に特定の経費の支払いをしても構わないかといった質問です。まず，賃金改善は，加算を取得していない場合の賃金水準と，加算を取得し実施される賃金水準の改善見込み額との差分を用いて算定されます。

割増賃金や法定福利費については賃金改善の実施の有無にかかわらず，必ず支払いが必要な部分に関しては増額に含まれません。ただし，割増賃金については労働基準法に基づく割増賃金に上乗せするような手当，法定福利費については，賃金改善の結果，増額した部分については，計画を立てることで加算の支給対象となります。

次に，賃金改善に含まれないものには以下のようなものがあります。

①　法人で受講を認めた研修に関する参加費や教材などについて，あらかじめ介護職員の賃金に上乗せして支給すること。

②　研修に関する交通費について，あらかじめ介護職員の賃金に上乗せして支給すること。

③　介護職員の健康診断費用や，外部から講師を招いて研修を実施する際の費用を法人が肩代わりし，当該費用を介護職員の賃金改善とすること。

④ 退職金規程を作成し，退職予定者手当として支給すること。

⑤ 移動費，待機手当，会議費等の目的で支給すること。

12 賃金・処遇改善加算について(3)

また，2019年10月から「特定処遇改善加算」という新しい処遇改善加算が始まりました。これは従来の処遇改善加算に加え，介護職として経験と技能の豊富な職員に向けて重点的に処遇を改善するという加算です。

従来の加算との違いは，①介護職員を経験技能を有し（概ね10年程度の経験），介護福祉士の資格を有する職員のグループとそれ以外の介護職員グループに層別し，経験技能を有する介護職員グループに属する職員を中心に昇給アップもしくは年収のアップをしていく仕組みとなります。②この特定処遇改善加算を取得するには，従来の処遇改善加算のⅠ～Ⅲを取得していることが必要になります。③介護職以外の看護職，リハビリ職，事務，ケアマネ職など従来処遇改善加算の対象外であった職員も対象になるといった点です。なんといっても最大の特徴は，経験技能を有する中堅からリーダークラスの介護職員の処遇を重点的に上げていくという点にあります。

これには，これからますます重要な役割を担っていただく管理層の収入を一般産業の同等クラスの方々の平均収入と遜色がない程度に引き上げる必要性があるという行政の判断から創設されたものです。

この新しい処遇改善加算も，従来の加算と同様に，今後の人材確保には，絶対に必要になる加算と言えます。このことはデータからもうかがえます。

【特定処遇改善加算に関するアンケート集計結果（福祉医療機構調査による）】

法人が運営する主な介護サービス事業（複数回答）（2019年8月1日現在）

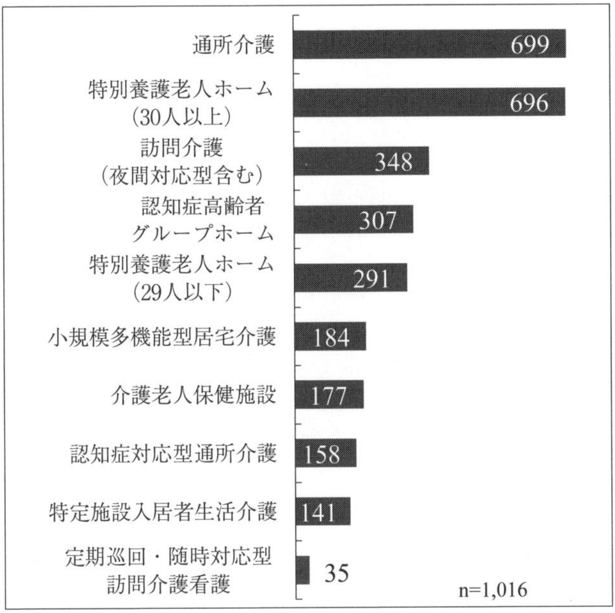

介護職員等特定処遇改善加算の算定開始時期・見込み

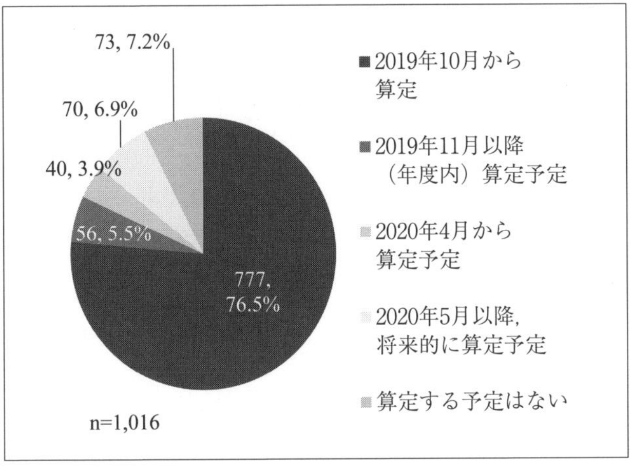

従って，我々社労士も処遇改善加算の仕組みを知り，まだ取得していない事業所には取得のための支援を積極的に行うことも重要な業務になるものと思います。

13　賃金・処遇改善加算について(4)

今後は，このように段階的に増加してきている処遇改善加算の財源をどのように活用していくかが，人事戦略や他法人との差別化戦略として重要な課題となってくるものと思います。

介護職員の人材確保はますます難しくなる中で，例えば，採用にかかわる魅力的な条件を設定することでその財源を活用するなど戦略的に財源活用を行う法人も出てきています。また，採用だけでなく，既存職員のモチベーションにつながるような手当を創設するなど処遇改善加算の財源を人事戦略的に活用している法人もあります。

例えば，リーダー職員や管理者等の職員限定で，キャリパス運用に関する業務負担増加に報いる目的であらたな手当を創設したり，また，働く女性支援の一環でシングルマザー限定で「シングルマザー手当」を創設したり事業所の実情に合わせた活用を行っています。

もちろん，従前と同様，対象職員に均等配分するという方法もよいでしょう。要は，処遇改善加算という大きな財源をいかに事業運営に有効に活用していくかに知恵を絞っていくことではないかと思います。

14　賃金・処遇改善加算について(5)

ここでは，処遇改善加算の仕組みをより理解していただくため，2018年，2019年厚労省から公表された介護職員等処遇改善加算（介護職員等特定処遇改善加算を含む）に関する重要なQ&Aを抜粋して紹介させて頂きます。

2018年度 介護報酬改定におけるQ&A（2018年３月23日Vol.１，2018年８月６日Vol.６）

問：外国人技能実習生の取り扱いについて
外国人の技能実習制度における介護職種の技能実習生は，介護職員処遇改善加算の対象となるか。

答：介護職員の技能実習生の待遇について，「日本人が従事する場合の報酬の額と同等以上であること」とされていることを鑑み，介護職種の技能実習生が介護業務に従事している場合，EPAによる介護福祉士候補者と同様に，介護職員処遇改善加算の対象となる。

問：最低賃金の計算について
最低賃金を満たしているかを計算するにあたり，介護職員処遇改善加算により得た加算額を最低賃金と比較する賃金に含めることになるのか。

答：介護職員処遇改善加算により得た加算額を，最低賃金に比較する賃金に含むか否かについては，当該加算額が臨時に支払われる賃金や賞与等で支払われておらず，予定しうる通常の賃金として毎月労働者に支払われるような場合には，最低賃金と比較する賃金に含めることとなるが，当該加算の目的などを踏まえ，最低賃金を満たしたうえで，賃金の引き上げを行っていただくことが望ましい。

2017年度 介護報酬改定に関するQ&A（2017年３月16日）

問：キャリアパス要件Ⅲについて
キャリアパス要件Ⅲと既存のキャリアパス要件Ⅰとの具体的違いは如何。

答：キャリアパス要件Ⅰについては，職位・職責・職務内容に応じた任用要件と賃金体系を整備することを要件としているが，昇給に関する内容を含めることまでは求めていないものである。一方新設する処遇改善加算Ⅰの取得要件であるキャリアパス要件Ⅲにおいては，経験，資格，または評価に基づく昇給の仕組みを設けることを要件としている。

問：昇給の仕組みとして，それぞれ「①経験，②資格，③評価のいずれかに応じた昇給の仕組みをつくること」という記載があるが，これらを組み合わせて昇給の要件を定めてもいいか。

答：お見込みのとおりである。

問：昇給の方式については，賞与，手当によるものでもいいのか。

答：昇給の方式は，基本給による賃金改善が望ましいが，基本給，手当，賞与などを問わない。

問：資格等に応じて昇給の仕組みを設定する場合において，介護福祉士資格を有して当該事業所や法人で就業する者についても昇給が図られる仕組みであることを要する，とあるが具体的にどのような仕組みか。

答：本要件は，介護福祉士の資格を有して事業所や法人に雇用されることが多いことを踏まえ，そのようなものを含めて昇給を図る観点から設けているものであり，例えば介護福祉士の資格を有する者が，介護支援専門員の資格を取得した場合に，より高い基本給や手当が支給される仕組みなどが考えられる。

問：キャリアパス要件Ⅲにより昇給の仕組みについて，非常勤職員や派遣職員はキャリパス要件Ⅲによる昇給の仕組みの対象となるか。

答：キャリアパス要件Ⅲによる昇給の仕組みについては，非常勤職員も含め，当該事業者や法人に雇用されているすべての介護職員が対象となり得るものである必要がある。また，介護職員であれば派遣労働者であっても，派遣元と相談の上，介護職員処遇改善加算の対象とし，派遣料金の値上げ分などに充てることは可能であり，この場合，計画書・実績報告書は派遣労働者を含めて作成することとしている。新加算Ⅰの取得にあたっても本取り扱いに変わりがないが，キャリアパス要件Ⅲについても，派遣労働者を加算の対象にする場合には，当該派遣労働者についても当該要件に該当する昇給の仕組みが整備されていることを要する。

問：キャリアパス要件Ⅲの昇給基準として「資格等」が挙げられているが，これにはどのようなものが含まれているか。

答：「介護福祉士」のような資格や「実務者研修修了者」のような一定の研修の終了を想定している。また「介護福祉士を有して当該事業所や法人で就業する者について昇給が図られる仕組み」については，介護職員として職務に従事することを前提としつつ，介護福祉士の資格を有しているものが，「介護支援専門員」や「社会福祉士」など，事業所が指定する他の資格を取得した場合に昇給が図られる仕組みを想定している。また，必ずしも公的な資格である必要はなく，例えば，事業所などで独自の資格を設け，その取得に応じて昇給する仕組みを設ける場合も要件を満たしうる。但し，その場合でも当該資格を取得するための要件が明文化されているなど，客観的に明らかとなっていることを要する。

問：「一定の基準に基づき定期に昇給を判定する仕組み」とあるが，一定の基準とは具体的にどのような内容を指すのか。また「定期に」とは，どの程度の期間まで許されるのか。

答：昇給の判定基準については，客観的な評価基準や昇給条件が明文化していることを要する。また，判定の時期については，事業所の規模や経営上に応じて設定して差し支えないが，明文化されていることが必要である。

問：キャリアパス要件Ⅲを満たす昇給の仕組みを設けたが，それによる賃金改善総額だけでは，加算の算定額を下回る場合，要件は満たさないこととなるのか。

答：キャリアパス要件Ⅲを満たす昇給の仕組みにより賃金改善では加算の算定額に満たない場合においても，当該仕組みによる賃金改善を含め，基本給，賞与，手当等による賃金改善の総額が加算の算定額を上回っていればよい。

問：処遇改善加算にかかわる加算率について，今回の改定後の処遇改善加算Ⅱ及びⅢの加算率が改定前と変わっているのはなぜか。

答：新加算Ⅰの創設に伴い，最新の介護職員数と費用額の数値に基づき，処遇改善加算Ⅱ及びⅢの加算率を改めて設定し直したものであり，介護職員一人当たりの賃金改善額として見込んでいる金額（27,000円相当，15,000円相当）が変わったものではない。

2019年度　介護報酬改定に関するQ&A（2019年４月12日）

問：特定処遇改善加算の取得要件について
介護職員特定処遇改善加算は，勤続10年以上の介護福祉士がいなければ取得できないか。

答：介護職員等特定処遇改善加算については，
- 現行の処遇改善加算のⅠ～Ⅲまでを取得していること。
- 介護職員等処遇改善加算の職場環境要件に関し，複数の取り組みを

行っていること

- 介護職員処遇改善加算に基づく取り組みについて，ホームページの掲載などを通じた見える化を行っていることを満たす事業所で所得出来ることから，勤続10年以上の介護福祉士がいない場合であっても取得可能である。

問：職場環境等要件について，現行の処遇改善加算の要件を満たすものものとして実施している取り組みとは別の取組をする必要があるのか。

答：介護職員等特定処遇改善加算における職場環境等要件については，職場等の改善が行われることを担保し，一層推進する観点から，複数の取り組みを行っていることとし，具体的には「資質の向上」「労働環境・処遇の改善」及び「そのほか」の区分ごとに１以上の取り組みを行うことが必要である。これまで行ってきた取り組みをもってこの要件を満たす場合，介護職員等処遇改善の取り扱いと同様，これまでの取り組みに加えて新たな取り組みを行うことまで求めているものではない。

問：ホームページなどを通じた見える化については，情報公表制度を活用しないことも可能か。

答：事業所において，ホームページを有する場合，そのホームページを活用し，

- 介護職員等処遇改善加算の取得状況
- 賃金改善以外の処遇改善に関する具体的な取り組み内容

を公表することも可能である。

問：経験技能のある介護職員について，勤続10年以上の介護福祉士を基本として，介護福祉士の資格を有することを要件としつつ，勤続10年の

考え方については，事業所の裁量で設定できることとされているが，どのように考えるか。

答：勤続10年の考え方については，

- 勤続年数を計算するにあたり，同一法人だけでなく，他法人や医療機関等での経験等も通算する。
- すでに事業所内で設けられている能力評価や等級システムを活用するなど，10年以上の勤続年数を有しない場合であっても業務や技能などを勘案して対象とするなど，下記事業所の裁量により柔軟に設定可能である。

第Ⅳ章 社労士ができる介護「人財」の採用・定着・育成支援策

介護職員不足，これはどこの事業所でも深刻な問題です。多くの事業所が，どうすれば介護職員が集められるのか考えています。求人広告の予算増額，人材紹介のエージェント活用，専門学校や大学に自事業所のPRを行うなど，あの手，この手の採用活動を展開し，介護職員を獲得しようとします。

福祉医療機構によると，2018年度に人材紹介会社を経由して介護職員を雇った施設は29．2%で，１人にかかった紹介手数料は全国平均で59．7万円。この金額は，ユニット型特養の職員１人あたり人件費の14．9%に相当する，という驚くようなデータもあります。

ところが，必死で獲得した新人介護職員の多くが早期退職してしまうのです。このような昨今の採用難・早期退職の問題を，ある事業所長は「このご時世，しょうがない問題ですね」と言って苦笑しておられました。

1 辞められない工夫が採用力強化の第一歩

人材確保対策は大きく分けて人材採用，人材育成，人材定着に分けられます。その中で最も力を入れなくてはならないのは「人材の定着」であると私は考えます。

例えば，想像してみてください。一つの浴槽があったとします。その浴槽には湯が溜まっていますが，栓が抜けておりどんどん湯が少なっていきます。湯量が減っていくので，蛇口から大量のお湯を入れていますが，湯は思い通りに溜まりません。この現象を「湯量＝スタッフ数」として考えてみると，湯を溜めるためには，まず何を優先すべきでしょうか？

重要なのは「人材定着策」です。まずは，浴槽にしっかりと栓をすることです。つまり「浴槽の栓をする＝現在在籍するスタッフを離職させないこと」つまり「人材定着策」が何よりも重要なのです。どの事業所でも人材確保と言えば，求人などでの採用をメインにおいた施策を展開されますが，その発想自体，視点がずれているということになります。もちろん，採用プロセスの改善等，「採用」に工夫をしていくことは重要なことではありますが。

現職のスタッフが辞めると，どんな影響があるか……ぎりぎりの人員で回している職場であれば，その負担が他のスタッフにいき，他のスタッフが疲弊し，辞めていくといった連鎖退職なども珍しくありません。

また，求人活動にも風評被害の影響がある場合もあります。多くの事が，退職をきっかけに「負のスパイラル」が回ってしまうようなケースがとても多いのです。

ましてや労働力の不足により，今後はさらに新規採用が困難になることは明白です。したがって今いるスタッフの働きやすさや待遇を見直し，長く定着してもらうという事にまず主眼を置くことが，人材確保策として，最優先の「打ち手」となります。

1　今の介護業界全般で定着策が機能していない

次に浴槽の栓をして湯の流出が防げれば，蛇口から「湯を注ぐこと＝人材の採用」により，人材確保は次第にうまく機能してゆきます。さらに，浴槽のお湯を適正な温度に保つために，「保温する＝人材を育成する」という事が大切になります。

今の介護業界全般に共通して言えることは，このたとえ話の「栓」がしっかりと出来ていないこと，**つまり「定着策が機能していないこと」が，より一層深刻な人材不足を招いているように思えてなりません。一番に優先すべき対策は「人材定着策」です。**

それでは，そもそも，なぜ，職員が定着しないのでしょうか。その答えは「会社（法人）が職員を大切に育てようとしないから」という理由だったりします。

つまり職員を大切に育てようとしない法人であればあるほど，職員の定着率が悪いということ。また，逆に，職員をしっかり育てる環境が法人にあれば，離職率に苦しめられることもない，ということも言えそうです。

2　感情労働としての「介護」

介護現場では「利用者を大切にしましょう」と言われますが，その前に現場で働く介護職員は大切にされているのでしょうか。経営者・管理者が介護職員を大切に扱うことで現場の職員は利用者を大切に扱うことができるのです。介護職員には，やさしい気持ちをもつ熱心な方がたくさんいます。あわせて，人の役に立ちたいという熱意を抱いて入職してきます。しかし，現実には利用者から罵倒されたり，利用者の家族から傷つく言葉を言われたりすることもあり，そのたびに怒りや悲しみの感情を抑圧しています。それがストレスとなって蓄積していき適切に対処されなければ増幅していく一方になります。

そしてその**ストレスは，理想の介護が出来ない自分自身や「ちゃんと仕事をしてよね」という上司や同僚に対する怒りとして現れるようになります。これに自身で対処できなくなると「自分はこの仕事に向いていないのかもしれない」という結論になり辞めていきます。**介護職の人材問題は穴の開いたバケツに水をいれるような状況はこんな形で続いているといってもいいかもしれません。

3　介護職の離職要因

それでは介護職の離職要因を見ていきます。そこには社会的な要因と事業単位の要因の２種類があります。

(i)　**社会的な離職要因**

- 介護福祉士養成校等の生徒が激減している
- 介護業界のネガティブなイメージが先行している
- 仕事の割に給料が安い　等

(ii)　**事業所ごとの離職要因**

- 理念や運営方針があやふや
- 職場の人間関係の悪さ
- 労務管理が不適切
- 業務改善が行われず心身ともに疲労が激しい
- 上司の力量が不足しており，パワハラ等のモラルハラスメントがある。　等

【過去働いていた職場を辞めた理由（介護福祉士：複数回答）】

○　離職時には，業務に関連する心身の不調や，職場の方針，人間関係などの雇用管理のあり方がきっかけとなっており，また，「収入が少なかった」ため離職している者が23.6%いる。

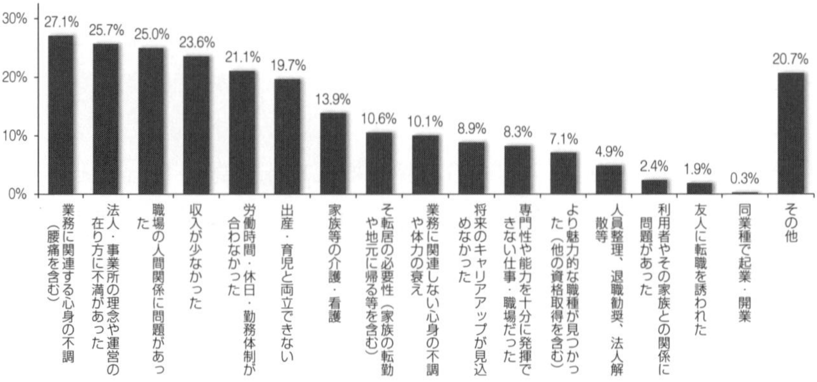

（出典：厚生労働省）

社会的な環境要因については方策に手立てが見つかりませんが，ただ嘆いているだけでは何の解決にもなりません。まずわれわれができることは，事業所単位での離職要因の解消に全力を挙げるべきです。人材確保対策を一挙に解決することは難しいですが，労務管理やルールの整備など，出来ることから確実に行うことで確実に効果は生まれます。

4　ホンネの退職理由を受け止めて改善する

離職が多い事業所の多くは，辞められることに慣れて？しまっているためか，本当の離職理由を知りませんし，また知ろうともしていません。これでは，何をどうすればいいのかについて，改善することができません。退職理由は「一身上の都合」というのが多いが，これは表向きで，実はそこに隠されたホンネの退職理由に職場改善のポイントがいっぱい詰まっています。だから「まったく今どきの人は……」というぼやきから一歩踏み込んで，ホンネの退職理由を受け止めて，その改善に取り組むことが採用力強化の第一歩となります。

5　なぜ人は会社を辞めるのか，そのホンネは？

そもそも退職者がいなければ，そう頻繁に募集・採用する必要もないはずです。では，なぜ人は会社を辞めるのか。退職理由のほとんどは一応「一身上の都合」となっていると思います。一応というのは建前ということであり，退職者のホンネはなかなか表に出てくることはないからです。

ところで，一身上の都合には，大きくは二つのパターンがあります。家族の介護などやむを得ない退職と転職のための離職ですが，注意したいのは後者です。勤め先である現在の会社を見切ったということです。たとえ不満があっても，職員は経営者を変えることはできないので，静かな抵抗として退職するわけです。また，家族の介護も，体の良い退職理由にされやすいので厄介です。

6 会社に伝わりにくい退職者のホンネ

退職理由について，求人総合・転職支援サービス業のエン・ジャパン（株）が，2016年１月に同社の利用者1,512名を対象に実施したアンケート調査がある（図表)。まず退職者の約半数が本当の退職理由を会社に伝えていない。下手にホンネを言って，さらに関係が悪くなるよりも，自然な形で退職し会社との関係を一日も早く断ちたいのではないでしょうか。

また会社に伝えなかったホンネの退職理由には，会社への不満があらわになっています。会社にはホンネが伝わりにくいものですが，もし「一身上の都合」という退職が続くような場合は，会社に何か問題がないかを見直し，その事実を一度冷静に受け止めるべきかもしれません。

弊社の支援先である施設（茨城県の特別養護老人ホーム「玉樹」）では，辞めた人の職歴，本人申告の離職理由，職場での仕事ぶりなどを都度まとめて，職場のリーダー・管理者・施設長が意見交換することで「離職の本当の理由」を考える機会を持っています。その結果はもちろん，推測の域を脱しませんが，おそらくかなりのレベルで本当の理由に近づいているものと思います。そして，その理由を，改善につなげる活動を定期的に行うことで着実に成果を出していますし，今後法人に大きな変化が現れるものと期待しています。

Q 転職者が企業に伝える転職理由と本当の転職理由が異なるケースはありますか？

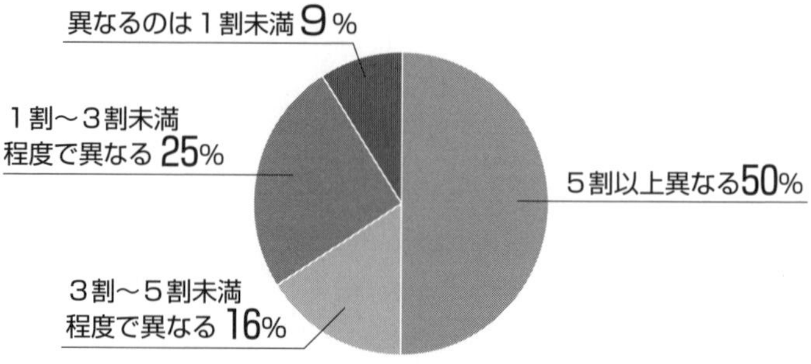

（出典：エンジャパン「転職理由（退職理由）のホンネとタテマエ」）

【転職・退職理由の「タテマエ」と「ホンネ」比較】

	タテマエ	ホンネ
1位	仕事の領域を広げたい	報酬をあげたい
2位	専門のスキルや知識を発揮したい	上司と合わない 職場の人間関係が合わない 評価に納得できない
3位	会社の将来に不安を感じる	会社の将来に不安を感じる

Q　転職者が企業に伝えるタテマエとホンネで多いものはなんですか？（複数回答可）

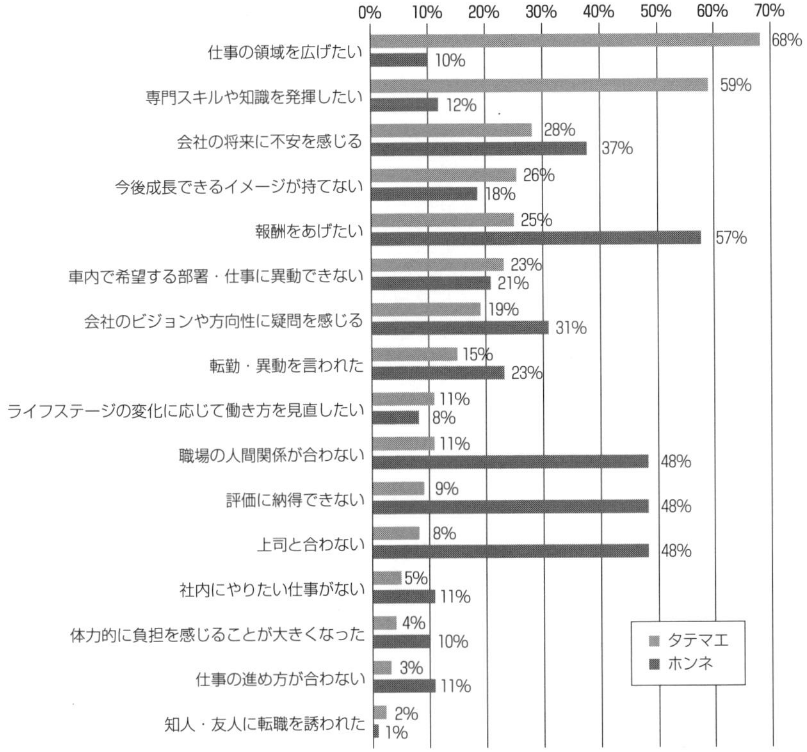

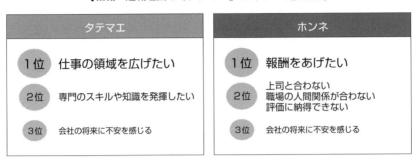

7　退職理由の改善が会社の魅力につながる

図表のアンケート調査で注目したいのは，退職者が会社に伝えなかったホンネの退職理由です。

本音の退職理由として「人間関係」「評価・人事制度」「上司と合わない」と約半数の方が答えていることになります。だから，よほど他に群を抜く魅力がなければ，まず職場の雰囲気づくりや，公正な評価・人事制度に取り組むだけでも会社の魅力は高まるはずです。

このようなことは経営者にしかできず，経営者が本気で取り組むべき仕事です。つまり経営者次第ということになります。

人が会社を辞める理由は，大体，似たような理由が多いのも事実で，だからこそここを改善することが重要だし，この改善がなければ採用の失敗を繰り返すだけという残念な結果となります。

2 職員採用に関する支援策

次に採用について留意すべき点についてです。「採用での失敗は，育成でカバーすることは難しい」とも言われます。

どのような人を採用するか，これは言うまでもなく，あらゆる事業運営の中で最も重要な事項といっても過言ではないでしょう。後述しますが，職員の定着には「定着するような人を採用する」といった方が現実的かもしれません。しかし，実際には人手不足の時には，「応募してくれた方は，多少気になることがあってもほとんど採用する」ということはよく起こります。このようなことを繰り返していると「すぐに辞めるような人」を採用することになりかねません。まず事業所に行っていただきたいのは，採用計画と採用プロセスを事前に決めて，採用活動に臨んでいただきたいと思います。

例えば，採用面接にしても，質問内容，人物を見る視点，評価点などを記入するフォーマットを決めておき，複数の面接者が面接終了後に結果をすり合わせることで，応募者の見方の客観性を担保することもできます（【表】☞p. 90を参照）。

また，適性検査などで第三者の見解を参考にすることで，さらに客観性は高まります。まず，このような採用プロセス改善を行うだけでも，結果として採用後の定着に大きく貢献することにつながるものと思います。

因みに「採用プロセスに関するチェックポイント」として，下記の点を事業者の方にお伝えしています。

①　どんな人材を求めているか，面接官全員で一致していますか。
②　なぜその求人媒体に出稿したか説明できますか。
③　求人原稿から候補者にとってのメリットを感じられますか。
④　面接官は自社のPRを用意して臨んでいますか。

上記で特に重要なのは，③の候補者のメリットです。候補者が求めるものはなにか。それは年齢や世代によっても異なりますので，やはり事前に「採用したい」人財像を明確にしてから望むべきでしょう。例えば，子育て世代であれば，子育てと仕事が両立できるような「短時間勤務」「残業ゼロ」といった働き方の選択肢がメリットと感じるでしょうし，「シニア世代」でれば，収入というより，自分の時間と両立できる働き方ということになるでしょう。往々にして，採用する側は，候補者に求める条件ばかりを考えており，「候補者にとって当法人に入社する意味とは」について明確になっていない場合が多いのではないかと思います。

このように社労士から介護事業所への支援方法の一つとして，採用面接から採用決定までのプロセスに実際に関与をさせていただき，専門家として具体的なアドバイスを行うなどの支援活動を行うことも有効な事業所支援と考えています。

1　それでは「辞めない人財」とはいったいどんな人材なのでしょうか。

まずは「理念に共感できる職員を選ぶ」ことが大切です。理念の共感とは価値観の方向性が法人と同じような方向性のことを指します。

現場が人手不足の状況なので，早く人を「補充」したいという考えから，候補者の過去の経験，職務のスキル，資格などを重視した基準で採用を決定する場合も多いと思います。ただ，この類の内容は書面審査で判断する内容であり，面接では確認程度で，あえて質問する必要はありませんし，また，結果として，このような情報は，意外とあてにならないという経験をされた経営者の方も多いのではないかと思います。

そこで，重要なのは「その方の価値観が法人の価値観や考え方に合うかどうか」ということになるのですが，問題はそれをどのように見極めるか，ということになります。もちろん，価値観が垣間見れるような質問内容を，事前にしっかり準備しておく必要がありますし，その結果を面接官複数の目で見て，客観的な指標にまで落とし込んでいくことをお勧めしています。

【表　面接シートサンプル（中途採用者向け）】

面接官				面 接 日	年　月　日	場所	
氏　名		希望職種		生年月日	年　月　日	性別	

1　仕事観及び職種観（介護士であれば介護観），プロ意識など ※　リーダー管理者希望であれば，リーダー・管理者としての考え方	2　前職の経験のふりかえり ※　自己分析による強み・弱み，経験年数，退職理由，自己PR ※　前職で良かった事・不満だった事・経験できた事・苦手な人への対応など
3　志望動機	4　これからのビジョン
5　希望等 ・収入 ・夜勤・時間外・土日出勤（回数・時間の限度） ・異動　　可　・　不可 ・配慮してほしい点	6　特記事項 ・入社可能日 ・通勤時間　　　最寄駅 徒歩・自転車・車 ・パソコンスキル ・健康状態

カテゴリー	項　目	評　価
外観態度	身だしなみ（服装・髪型・髭・爪）	良い　・　普通　・　問題あり
	表情・話し方・聞く姿勢	良い　・　普通　・　問題あり
	言葉遣い（敬語・クッション言葉）	良い　・　普通　・　問題あり
	話の内容・わかりやすさ	良い　・　普通　・　問題あり
	声の大きさ・抑揚	良い　・　普通　・　問題あり
特　性	協調性	良い　・　普通　・　問題あり
	従順性	良い　・　普通　・　問題あり
	客観性	良い　・　普通　・　問題あり
	責任感	良い　・　普通　・　問題あり
	感情安定性	良い　・　普通　・　問題あり
専 門 性	知識（　　　　　）	良い　・　普通　・　問題あり
	経験（　　　　　）	良い　・　普通　・　問題あり
	プロ意識	良い　・　普通　・　問題あり
	リーダーシップ	良い　・　普通　・　問題あり
	学習意欲	良い　・　普通　・　問題あり
備　考		合計　　　　　点
		採用　・　不採用

「特性」の項目について

※採用の基準に合わせ，下記を参考にして項目を決定してください。

1	協調性	話し合いや協働作業を円滑に進行させるための努力の度合い，仲間に協力的，共通の目標を目指す
2	共感性	様々な環境に対しての環境適応度，意思疎通の度合い，仲間と同じ立場で考える，みなの意見や考え方を大切にする，共同作業に熱心
3	積極性	仕事や人間関係に対する自己の行動と活発の度合い，自ら提案，率先して実行
4	自主性	仕事上なすべきことを率先して実行しようとする力，判断の度量，自分で判断，自発的に行動
5	責任感	自分の分担として引き受けた任務に対する認識の度合い，発言や仕事に責任，仕事や役割を理解
6	指導性	職場での指示方法，仕事のやり方に対する対人統率力，頼りにされる，意見や行動をまとめる
7	自己信頼性	自分を把握し，自信ある行動をとれるかの自覚の度合い，自信がある，周囲から信頼される
8	感情安定性	物事の処理や時間配分に対処する場合の精神状態，気持ちにムラがない，多少のことでは動揺しない
9	従順性	業務命令や常識的行動に対しての率直さ，素直さ，反抗的でない
10	持続性	粘り強い，苦しい時もやり抜く，忍耐力
11	客観性	冷静，論理的，思慮深い
12	規律性	誠実，ルールを守る，決まりを大切にする，礼儀正しい，整理整頓
13	慎重性	先の見通しをつける，配慮，注意深い
14	多様性	多様な状態を受け入れる，こだわりがない
15	独創性	自由な発想，新奇なことに挑戦
16	勤労意欲	仕事に意欲がある，仕事を通して自己実現

また候補者もそれなりに準備をして面接に臨みますので，なかなかホンネの部分までは見極めるのは難しいものです。

ある法人の理事長は，法人創設の経緯や経営理念をできる限り分かりやすく，そして何度も何度もしつこいぐらいに伝え（これが重要ということです），そ

れを聞いている表情や反応で，十分判断できるということをおっしゃいます。

また，ある施設長は，事前に施設見学（かなり細部にわたる現場見学）を行っていただき，そこで感じた内容を，どれだけ自分の言葉で伝えられるかをみている，と言います。

このような方法ですと，事前の準備ではなく，過去の経験が本人の言葉で出てくることが多く，その方の現在の感じ方や価値観が，よりリアルに伝わってくるといいます。

面接のときの留意点をお伝えいたします。事業所の採用活動支援のご参考にしてください。

【留意点】

① 具体的な内容を質問する

漠然とした回答ではなく，具体的な回答を聞くことで本音を見出します。

- なぜこの仕事を選んだのか，人の役に立つとはということは，どういうことなのか。「具体的に」言ってください。
- 採用された場合，あなたの能力をどういった仕事に活かしたいですか。「具体的」に答えてください。

② 憶測的な意欲より過去の現実を確認する

意欲は，極端な話，なんとでも回答することができます。反対に，過去の実績は現実を聞き取ることができます。

- 今までの仕事で，大変だったことは何ですか？またそれにどのように対処しましたか？
- 様々な経験をつまれて大変意欲があることは分かりました。その中で転職を考えられたのはなぜですか？

③ 人間関係についてどう考えているか確認する。

人間関係に関する質問は，入職後のトラブル回避のためにも非常に重要です。

- 入職後，法人とあなたの方向性や想いが異なる時，あなたはどのようにしますか？

• 同僚との意見が食い違う場合，あなたは意見を通しますか，黙りますか，また通すとしたらどんな方法で？

④　求職者からの質問を引き出す

面接試験で一通り質問が終わったら，必ず求職者に対して質問がないか確認します。面接が終わったという安心感から本音が見え隠れすることがあり，人間性を確認できることもあるようです。

求職者が質問する内容は，採用された場合のことを想定していることが多いため，「どの部分に興味を示しているか＝本当の志望動機」が分かることも多いようです。

⑤　応募者の適性を客観的にみる方法として，市販されている「適性検査」があります。

応募者が面接に来られた際に，10分から15分程度の時間で質問に答えてもらうことで，その方の適性や性格が，過去数十万人のデータ的な裏付けから，あくまでも一般的な傾向値ではあるものの適性が「見える化」されます。最近のアウトプットでは，「社会性」「顧客対応力」「事務処理能力」「人間関係構築能力」「ストレス耐性」「入社にあたり不安に思っていること」などが，かなり具体的に表示されるようになってきています。

実はこのシステムは，弊社の職員採用の際に活用を始めてみたのですが，その後の実績から，私見ではありますが，結果には信頼性があるものと感じており，弊社の支援先にもご紹介させていただいているものです。このようなデータはその活用方法もしくはデータの読み取り方が重要で，データを使いこなすことで，とても有効な採用基準の指標となりうると考えています。

次に，市販されている適性検査の事例サンプルを示します。ご参考にして下さい。

【CUBIC医療・福祉版　資料より】

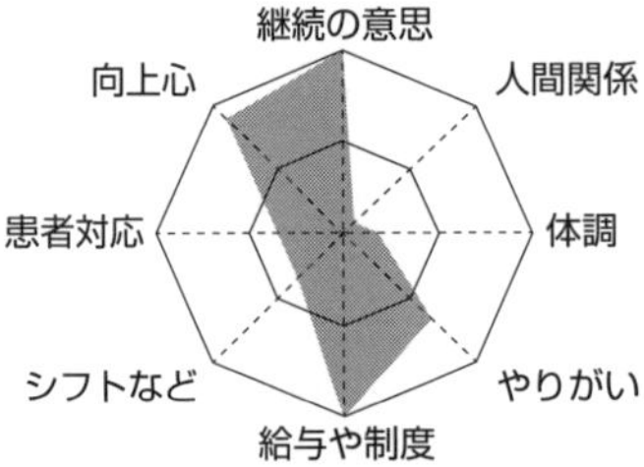

就労前に感じているイメージ

心配や不安がないわけではないが，就労してからのイメージはできているようだ。今の状態でも特に問題はないが，点数の低い部分は理解しきれていない項目なので，不安を解消することが肝要である。実際とイメージにギャップがないよう確実な情報を与えたい。

もっとも不安を感じているのは人間関係である。上司や先輩に対してか，患者・利用者（その家族）へか，あるいは苦手意識があるのか，技術面の不安からか，見極めが必要だ。

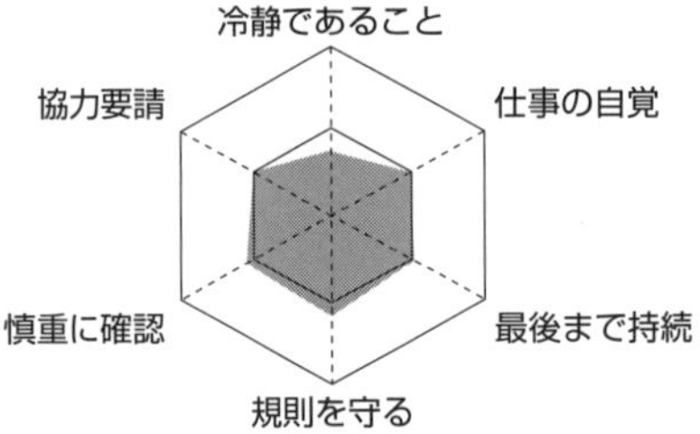

テクニカルスキル発揮の土台となる要素

比較的落ち着いて処置にあたるなど現場で技術を生かせそうである。手際よい対応には経験も必要だが，焦って舞い上がるほうではないため，自分自身の弱みを知ることで力の発揮が期待できる。また本人が努力するだけでなく，環境を整えておくことも大切である。

特に冷静な対応に不安がある。些細な変化に平常心を乱すこともありそうだ。必要な技術を習得済みであることが前提だが精神的に落ち着くためには事前準備や予習は欠かせない。

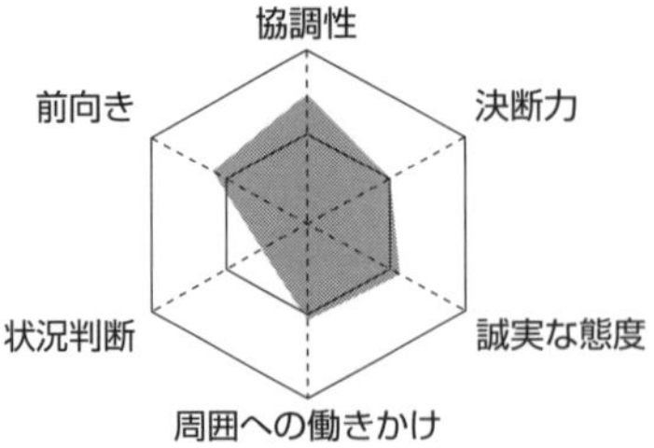

ヒューマンスキル発揮の土台となる要素

患者（利用者・その家族）との対応を敬遠することなく，向き合うことができそうである。とはいうものの不得意な相手や場面もあるようで苦手意識も感じられる。どのようなときに苦手と感じるのか，本人が弱点を自覚するとともに環境改善の向上についても考えたい。

自分の判断で優先順位をつけて行動することに苦手意識がある。何をどうしたらいいか迷い，結局周囲の雰囲気に合わせて行動する。ひとりでは先に進めないことも考えられる。

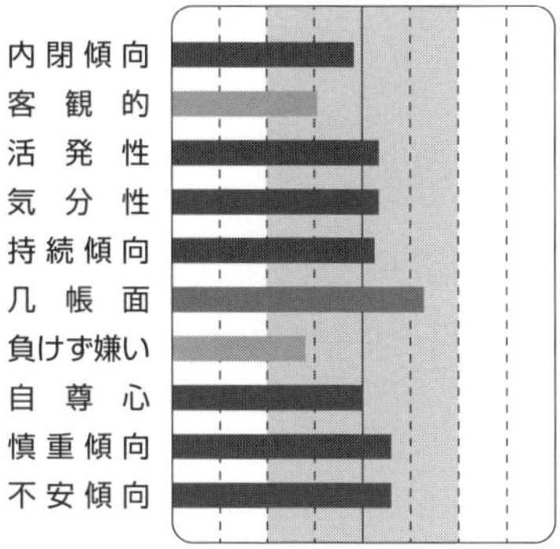

性格の特徴

きちんとした生活をしているマメな人である。どう見られているかが気になるほうで，自分らしさより世間のきまりや常識を重視する。応用や融通がきかない点もあるが，手堅い意見と大きな失敗をしないことが持ち味である。自分を抑え周囲に気を配る控えめな性格で，信頼もある。普段から失敗を恐れる気持ちが強く，遠慮がちな態度をとっている。手堅さや慎重さにもっと自信を持ってもいいだろう。

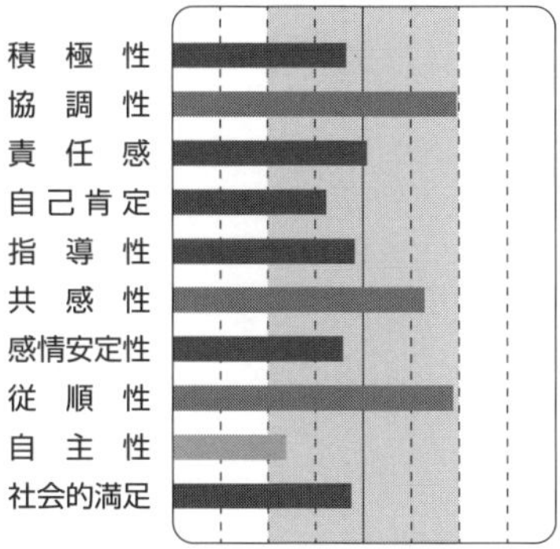

社会性から見た特徴

自主性が低い…
先輩や専門家の意見を優先し，なるべく目立たないようにするなど消極的に見える。どうしても指示を待つことが多いが，状況や役割の理解を促し，自分で考えるよう指導したい。

協調性が高い…
人の和を大切にし協力を惜しまないが，他の意見や雰囲気に流されやすい。相手の意向を気にして自己主張を控える傾向もあるため，自ら発言することの重要性もわからせたい。

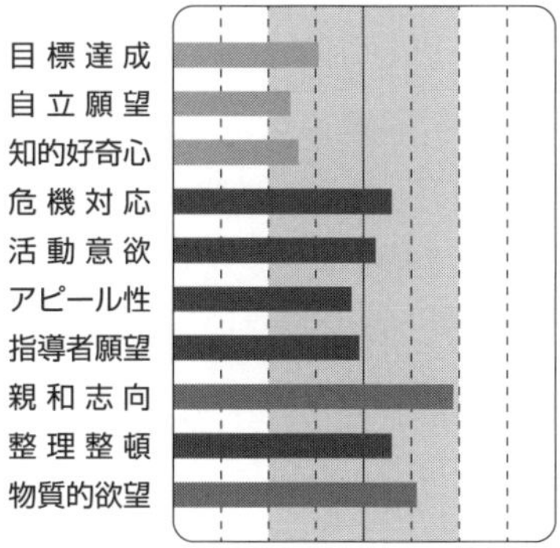

意欲・欲求から見た特徴

自立願望が低い…
何事も相手に頼ってしまうほうで，主体的に行動することは望まない。何か起こると誰かに頼ろうとするが，職務の上では自分で判断解決することも必要である。自覚を促したい。

知的好奇心が低い…
新奇なことを好まず，安定した環境にいることを求める。決まったことを手順どおりに進める上では安心感があるが，新しいことを始める際は十分な下調べや予習が必要といえる。

2 職員紹介制度

いま最も注目をあびている採用方法として注目されているのが「職員紹介制度」です。介護業界に限らず，今や大手企業でもこの制度を活用しているケースは増えています。いわゆる「リファラル採用」という名称で，欧米でも多くの企業が取り入れている採用手法です。

3 職員紹介制度のメリット

1　採用コストの大幅減少

2　定着率が高い

3　会社の魅力と課題の見える化ができる

⇒紹介するには，会社の魅力と課題を双方伝える必要があり改めて魅力と課題が浮き彫りになる。

4　会社の魅力が継続的に向上できる

⇒課題の部分を改善する方向につながる。

この制度のメリットは，なにより信頼できる職員の紹介なので，いい人が来てくれる可能性が極めて高いことにあります。加えて採用コストがほとんどかからない。ハローワークに掲載しても，ネットに掲載しても，応募者の反応が薄い中で，採用活動がうまくいっている事業所には，この「職員紹介制度」をうまく活用している法人が多いです（施設系，在宅系共通しています）。

ただ一方では，紹介者にインセンティブ奨励金を出しても，なかなか紹介者がいないという声もよく聞きます。その原因は二つあり，一つはそもそも友人を紹介したいという気持ちが起こらない，つまり今の職場に紹介はしたくないというもの。この場合には，まず紹介したくなるような魅力ある職場を作ることがまずは優先課題になります。そのためには現在の職場の魅力と課題を整理し，課題の改善に向けて組織を良くしていくことから始める必要があります。

もう一つは，紹介したい人がいても，なんとなく紹介までは，と積極的に行動までは起こそうとしないという方もいます。そのような方に向けては，職員会議などで職員紹介制度などをよく説明したうえで，紹介いただいた実績などを皆で共有し，法人として「感謝」の意を表すことで紹介制度へのモチベーションを高めることが出来ると，紹介制度をうまく活用されている法人の施設長は指摘します。職場にそのような「雰囲気」を創り出すことがとても重要なのです。

【リファラル採用を中心に行った事業所の採用人数の事例】

（単位：人）

	2015年	2018年
優良紹介会社経由	15	8
職員からの照会	3	13
ハローワーク経由	5	3
計	23	24

採用の最後は，社会保険労務士川越雄一氏の提唱する「川越式採用手順」の中で，面接に来た方にとてもいい印象をもってもらうユニークな方法として「帰り際に手土産を渡す」を紹介したいと思います。

ここでいう手土産とは，大切なお客様を訪ねる時やお迎えをする場合，ちょっとした手土産をお渡ししますが，それと同じ発想です。一昔前なら，面接を受けに来た人に手土産など発想もなかったでしょうが，今は会社が応募者から選ばれる時代であり面接とはそのような場所という見方もできます。そう考えると大切なお客様を迎える場面と同じです。従来から一部の会社では，面接来訪者に交通費を支給している場合もあり，その代わりに差し上げるようなものです。確かに，現金の方がありがたいかもしれませんが，手土産には物ならではの感触というか重みがあって印象には残りやすいものです。「わざわざ面接に来て下さりありがとうございます」という気持ちを表すのと同じことです。

4 「まさか」に感動がある

人は想定していたこと以上のことをしてもらったときは「まさか」の感動があります。そして感動するのは応募者のみならず，その家族，ひいては今いる職員にも及びます。これぞ「三方良し」の選考辞退防止策といえます。

感動する一人目は応募者本人です。いくら求人難の時代とは言え，面接に来た人に手土産を渡す会社は少ないというか，ほとんどないはずです。面接日通知に「面接時の交通費支給はございません」とあえて書いておく意味はここにあります。手土産をもらった応募者から見れば「まさか」今ふうに言えば「サプライズ」でしょうか。必ずしもそこまでは感じなくても，怒る人はいないはずです。

感動する二人目は応募者の家族です。選考辞退防止策において，家族対策は不可欠ですが，特に真面目な応募者は，家族関係も良好であることが多いのでなおさらです。家族関係が良好ということは良くも悪くも就職関係に影響を与えやすいのです。例えば，面接を終えたその夜には「これどうしたの？」「今日面接を受けに行った会社でもらった」「へえー」という会話になるはずです。その際に，手土産がお菓子だと，家族の口にも入るので会社への親しみも出やすく，面接のことが家族で共有され，好印象を受けやすいというわけです。ですから，手土産はできれば，お菓子が良いのです。

感動する三人目は今いる職員です。面接終了時にお渡しする手土産は応募者の選考辞退防止の一環ですが，今いる職員にも好影響を与えます。一般的に手土産の調達は，今いる職員が行いますが，ここまで気配りをする会社に今いる職員も感動します。「うちの会社は面接に来た人にこんな気配りをするんだ」と。このようなことは口にしなくても，社内に「人を大切にする採用方針」が十分に伝わりますから，新人が入社してきたら，全員で大切にしようという雰囲気が生まれやすいのです。このような雰囲気というのは，なんとなく社内に漂うもので，応募者は会社に一歩踏み入れた瞬間に感じ取るものなのです。

3　職員の育成と定着に関する支援策

前述のように「感情労働」である介護現場で，「介護はこころ」とスローガンを掲げられても，その「心」が感じられない状況では，おおよそ精神論は通用しません。「心」を求める労働であればあるほど現場の職員自身が「心」を感じられるような心のケアが大切なのですが，「心の問題は職員個人の問題だ」とする管理者・リーダーも少なからずいらっしゃいます。

その背景には，経営者・管理者・リーダーが，職員の心のケアを行うトレーニングスキルを身に着けていないことが挙げられます。現場では心のケアに関するスキルトレーニングの必要性を理解していないといった現状すらあります。

このような状況から管理者やリーダーを育成することは急務の課題なのですが，その前に「誰を役職者，リーダーに選ぶのか」ということを十二分に検討する必要があると思います。

だれでもリーダーになれるわけではありませんし，たとえ一定レベルに到達しても，安易に，この人しかいないから等という理由で選んではいけないということです。あえてこのようなことを申し上げるのは，実際の現場ではこのような判断で，リーダーを選任しているケースがあまりにも多く，そのことが結果として，良くない影響を職場に与えることが多い為です。このような場合，次のような結果を引き起こす場合が多いのです。

- 昇格後に辞めてしまう。
- 何かにつけて反抗ばかりしてくる。
- 思い通りに育たなければ，自分（経営幹部）の支えになるどころか大きなストレスになってしまう。

リーダーの人選を誤ってしまうと，選ばれた方も組織を去ることになるなど，双方が不幸なことになりかねませんので，まずは育成する前段階の「人選」は非常に重要なポイントと言えます。

1 リーダー・管理者のミッションとは

職員が育たないことを，職員自身の努力が足りないことや，やる気のなさのせいにしているリーダー・管理者が多いような気がいたします。「部下を育てるのはリーダーの役割である」という当たり前の事実が忘れられてしまっているかのようです。

どんな法人であれ常勤職員，非常勤職員もみんな，学びの機会を欲しがっているのです。自分が成長できる職場を望んでいます。本気で職員の定着を望むならば，法人の発展を望むならば，今一度，経営者，管理者の方々は「人を育てること」の必要性を強く意識していただき，行動していただきたいと思います。そして，リーダー層の方には，自分の重要な任務は「人を育てること」だと，しっかり心に刻んでいただきたいと思います。

また，介護の現場のリーダーや管理者は，自らも業務を行いつつ，部下を率いるといういわゆる「プレイングマネージャー」がほとんどです。ましてや人員不足のため現場を人員ギリギリで回さざるを得ず，ついつい日々の業務に追われ，部下の指導・育成がおろそかになり，指導・育成どころかコミュニケーションさえも希薄となってしまいます。そしてその結果，部下の行動の質が低くなり，ますます日々の業務に追われるようになってしまう……。このような負のスパイラルを何とか脱しなければなりません。

これまで，たくさんの介護事業で職員研修を行ってきて実感するのは，組織が変わるには，まずリーダーが変わる必要があるということです。

- **部下を変えようと思ったら，まずリーダーが変わること。**
- **顧客満足を徹底しようと思ったら，まずリーダーが変わること。**

全ての変化の大元には，いつもリーダーの存在があるということなのです。

リーダーが変わらず，部下のみ変えようとしてもそれは不可能です。当たり前のことですが，部下に「変わりなさい」と言って，「はい変わります」と言って本当に変わる部下はまずいません。とは言え，たくさんの職員を取りまとめるリーダーの苦労は私にもわかります。

しかし「うちの職員はどうもやる気がなくて……」と愚痴を言っているうちは，あなたが置かれている状況は何も改善しないと断言できます。

部下が変わることがあるとしたら，部下自身の意思で「変わりたい」と願ったとき，「変わらなければならない」と自分自身で気づいたときだけです。リーダーの役目は，そのための機会を提供することです。そう思えるような職場環境を作り上げることなのです。そして，それには「まず，リーダーが変わって見せる」ということが最も大切なことなのです。

2　これからリーダーに必要なサーバントリーダーシップ

これからの介護現場で必要なリーダー力の一つにサーバントリーダーシップという考え方があります。部下の成功に奉仕するリーダーであることが，職員のあり方を大きく変えていくという考え方によるものです。

リーダーの奉仕とは，部下からの逆ハラスメントを恐れ，ご機嫌取りをするものではありません。**サーバントリーダーシップに徹するリーダーとは，人は人によって成長していくことを信じ，部下の成功を支援します。そのために部下が経験から学ぶ環境づくりをし，失敗から学ぶことを推奨します。そして信頼のネットワークを作り，部下が主役であるとし，成功は支えたメンバーの者であるとして，他人に手柄を与えることを惜しまず，全体の為に最善を尽くすことを大切にします。**

このようなリーダーの下で働くことが出来たら，職員の心は満たされ，自ら職場を去るようなことはなくなるように思います。

弊社が事業所に提供している研修「介護リーダーの人間力と職場実践力向上研修」のカリキュラムを☞p. 110でご参考までにご紹介いたします。

3　新人の定着に絶対おすすめ「チューター制度」の導入

新人職員が定着できるかどうかは，最初の３か月を乗り越えられるか否かで決まると言われます。「辞める人はすぐ辞める」「最初の３か月を乗り切れば，定着・戦力化しやすい」これは人材育成に力を入れている法人の共通見解のようです。

それ故，７月以降「一人立ち」という目標設定をして，導入研修とOJTに３か月かけてしっかり育てます。３か月後に「一人立ち」という目標を設定されることで，新入職員も３か月間日々の業務と自身の成長に集中します。３か月の間には，ご利用者様からの拒否や失敗，夜勤や看取り等で気持ちが萎えることもありますが，名前を覚えてもらったり，自身の介在価値を感じる心温まる小さなエピソードを体験することで，介護の仕事を続けていく自信が少しわいてきます。この３か月間は育成担当と上司が新入職員の表情や態度の微妙な変化を感じとり，タイムリーで丁寧なコミュニケーションをとりながらOJTを行うことが重要なポイントになります。

そこで重要な制度として「チューター制度」つまり新入職員の育成担当職員制度です。施設によっては「メンター制度」とか「エルダー制度」「プリセプター制度」と呼ばれたりしますが，ここではチューター制度と同様の制度としてご理解を頂ければと思います。

以下に，チューター制度を導入された法人が指摘するそのメリットと課題を示します。

【チューター制度のメリット】

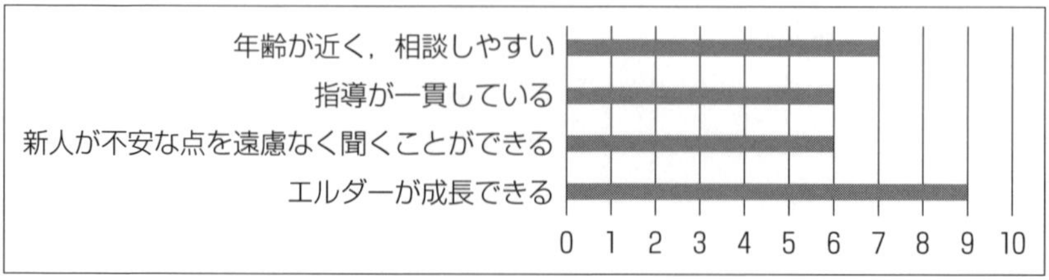

【チューター制度の課題】

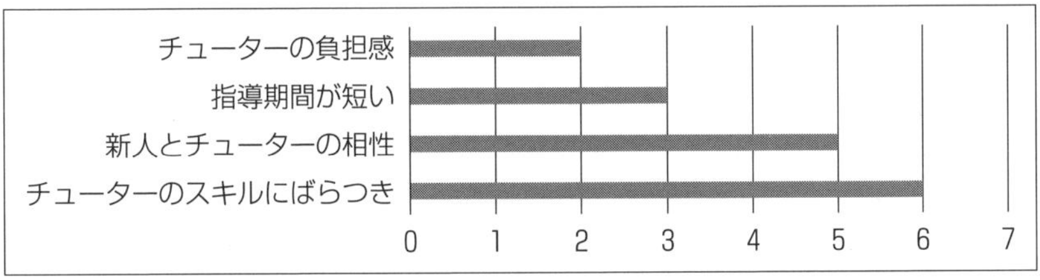

これらを踏まえ，チューター制度を開始する法人にアドバイスさせていただきたいのは次の４点となります。

1　OJT担当（チューター職員）は厳選すること

OJT担当を誰にするかが定着・戦力化の分かれ目です。法人理念や介護方針を現場で実践している人をOJT担当に任命してください。年齢や経験年数は関係ありません。ただし，人を育成する意欲のない人は不適格です。人を育成する意欲があり，経営者が目指す介護を実践している，又は実践しようと試行錯誤している人を任命してください。新入職員の視点で考えると，できるだけ若い人の方，例えば昨年入職した先輩職員等がよいと思います。年齢が近いと相談しやすいですし，若くして育成担当になっている先輩の姿は自身の目標になります。先輩も自分が苦労した時の気持ちを思い出しながら新入職員の視点で支援ができます。

大事なことはOJT担当の選定を決して現場任せにしないでください。経営者自身も選定に加わって納得の上で任命してください。これは人を育てることが重要な経営課題であり，やる気や意欲がある人に経営者が責任ある役割を期待し，お願いすることを組織全体に浸透させるチャンスです。ですから，選定後は全職員になぜその人を任命したのかを説明し，全職員で育成に協力することを要望してください。できれば，正式な形で「任命書」を作成し，皆さんの前で，チューターに手渡ししてあげると良いと思います。

2　OJTを実践する組織づくり

OJTを進めるためには，新任職員を職場ぐるみで育成していくという意識を高めることと，実践できる仕組みづくりが必要です。そのためには，各階層の担うべき役割を明確にし，それぞれの階層の中で担当を決め，責任を分担するなど，職員が自身の役割を発揮しながら，職場ぐるみでOJTに取り組むことが大切です。**要は，新人の教育・育成をチューターに「丸投げ」をしない組織づくりがとても重要になるのです。**

【OJT実践を担う階層とそれぞれの基本的役割】

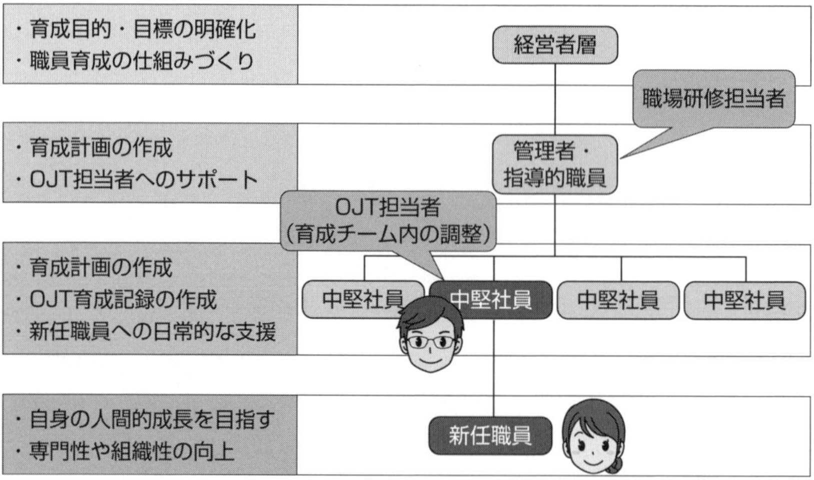

3　OJTで身に付ける内容を明確にすること，育成計画書の作成

何をいつまでに身に付けてもらうのかを言語化してください。OJT担当が横に付いて自身のやり方を「やってみせ，言ってきかせて，させてみて，褒める」だけでは不十分です。OJT担当の裁量に任せてしまうとOJT担当の分身ができるだけで，貴法人として大事にすべきことが磨かれずに拡散します。

身に付けるべきスキルや知識，大事にしているスタンス，**そしてそのエビデンスつまり「育成計画書」として，経営者，OJT担当，上司，新入職員を含**

む全員が，共通認識の上でOJTに取り組むことが重要です。また，チューターは一人でも，実際の指導する先輩は業務によって複数いても問題ありません。むしろ，業務によってスキルの高い先輩を選任し，役割分担をしながら指導を進めていくことも重要です。

【チューターが指導の適任者を割り振るイメージ】

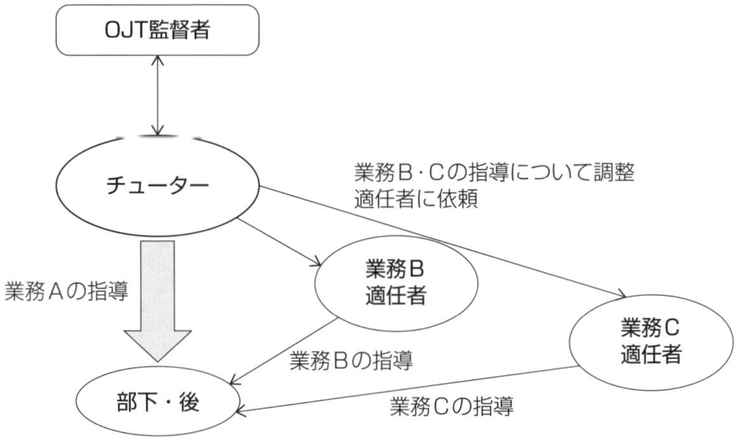

【育成計画目標シート（記入事例）】

育成目標（3か月間）

業務の流れを理解し，基本的な介護方法を習得する。3か月後には，指導を得ながら，担当業務が実践出来るようになる。

	【目標】達成して欲しいレベル（～の理解），（～基本習得），（～力を高める）	**具体的に何ができて欲しいか**	**誰がどのように指導するか**（自分で指導できるか，他に適任者がいるか）
1週間で	利用者との基本的な関わり方が理解できる	①　利用者の名前と居室を覚える	・育成担当者（チューター）が利用者の名前と居室の場所を伝える ・利用者一覧表や居室の配置図等を配布する
		②　利用者の心身の状況と生活歴を知る	・育成担当者が利用者の心身の状況と生活歴を伝える ・利用者の家族関係を伝える ・利用者ファイルを閲覧する時間を作る
		③　利用者の対応方法と対応の留意点を知る	・育成担当者がケアの手本を見せ，利用者の個々の対応方法とその留意点を説明する ・利用者の対応マニュアルを閲覧する時間を作る
1か月で	日勤帯業務を通じて，業務の流れを理解するとともに，	①　早番・遅番・（日勤）の業務の流れを覚える	・育成担当者が早番・遅番・（日勤）の業務の流れを，共に業務を行いながら伝える ・早番・遅番・（日勤）の業務の流れを示した書面を配布する
		②　利用者と適切なコミュニケーションが取れる	・中堅社員（○○さん）が利用者個々に合わせたコミュニケーション方法及び留意点を伝える ・自分で利用者とのコミュニケーションを実践する
			・中堅社員（○○さん）が利用者の基本的な介護方法（移動・食事・

	利用者の基本的な介護方法が習得できる	③　利用者の基本的な介護方法が習得できる	排泄・入浴・更衣）及び留意点を伝え，実践してもらう ・利用者個々の介護マニュアルを配布する ・中堅社員（○○さん）が介護方法について評価する
		④　ワークシート等のチェック表の記入ができる	・育成担当者（エルダー）がワークシート等のチェック表の記入方法を伝え，実践してもらう
		⑤　ケース記録の記入方法を理解する	基本的な操作方法を理解する ・ケース記録を閲覧する時間を作り，ケース内容を把握する
3カ月で	日勤帯業務（早番・遅番・(日勤)）を，指導を得ながら行うことができる	①　日勤帯業務（早番・遅番・(日勤)）を行うことができる	・日勤帯業務（早番・遅番・(日勤)）における他の要員の指導を得ながら，担当業務を実践する
		②　他の職種とも協働することができるとともに，適切に「報告・連絡・相談」ができる	・日勤帯業務（早番・遅番・(日勤)）における他の要員の指導を得ながら，他職種協働と「報告・連絡・相談」の技術を習得する
		②　ケース記録の入力ができる	・日勤帯業務（早番・遅番・(日勤)）における他の要員の指導を得ながら，ケース記録の入力ができる

4　OJT期間中の成長目標をこまめに設定し振り返りの場を持つこと

OJT期間中，OJT担当に「あとはよろしく！」と丸投げするようなことはしないでください。OJT期間を一週間～二週間単位でいくつかのフェーズに区切り，フェーズごとに身に付けるべき項目を整理します。各フェーズが始まる前に，OJT担当と新入職員で面談を行い，前のフェーズの振り返りと今回のフェーズの成長目標を立てます。OJT担当が一方的に評価やフィードバックを行うのではなく，**新入職員自身が主体的に振り返るように支援します。「次のフェーズでは何ができるようになりたいのか」「できるようになるには**

今自分はどのような課題を抱えているのか」を一緒に確認し合い，課題を解決するための方法をOJT担当のアドバイスをもとに一つ一つ行動に落とし込んでいきます。経営者は各フェーズの中間あたりで面談を行ってください。

ある社会福祉法人では，その間，OJT担当の面談が6回，施設長と管理職の面談が5回行っています。

また，**経営者，OJT担当，上司，新入職員を含む全員が集まり，状況を共有化し，進捗状況を確認することも重要です。**

ある社会福祉法人が行っている，新人育成ミーティングの事例を2つご紹介いたします。

【開催ミーティング事例①】

ミーティング名称	出席者	内容	実施月
チューターミーティング	チューターと役職者	進捗・評価の報告と進め方相談	毎月もしくは3か月に1回（1回15分～30分）
ペアミーティング	チューターと新人職員	期間目標の結果とチェックシート評価	同上

■ チューターミーティングについて

チューターと直属の上司（役職者）が，ミーティングを開催し，活動が上手く機能しているかを確認していきます。チューターは，上司と協議した内容を直後に行われる「ペアミーティングで」で新人職員に伝えていきます。

■ ミーティングでの確認内容

- 役職者からみて新人職員が出来ていない点をチューターに伝える。
- 指導方法や達成計画に向けての悩みや不安を確認し，助言指導を行う。

【開催ミーティング事例②】

ミーティング名称	出席者	内容	実施月
チューター活動全体ミーティング	チューター全員と施設長，関係管理者全員	関係者全員での進捗共有化と課題の共有化	4か月に1回（1回60分）最終回は新人職員の発表会
ペアミーティング	チューターと新人職員	期間目標の結果とチェックシート評価	随時

■　チューター活動全体ミーティング

施設長，介護長，看護長，主任とチューター４名，新人職員４名が出席

テーマ　①　入職６か月が過ぎ利用者様とのことで印象深いこと。

②　利用者様との関りで「大変だな」と思うこと。

③　職員からの指導上で悩んでいること，困っていること。

④　現在不安に思っていること，心配事，要望など。

■　まとめは新人からの発表会

１年後の最後のミーティングでは，新人から１年間の活動と感想を作文にして提出してもらい，各自発表します。

そして，ミーティングの最後には，施設長からチューター活動への労いの言葉と今後の期待を語って頂きます。

4 弊社が介護事業所に提供している職員育成研修

1 職場リーダー（主任）の職場実践力＆人間力向上研修

研修の目的

職員の定着率を安定させるには，職場のリーダーはとても大きな存在です。ただ，そこには管理者のマネジメントスキルだけではなく，リーダーとして必要な「人間力」もまた求められます。

この研修では，リーダーが職場で抱える問題に対処できる「マネジメント力」を身に付けて頂くと共に，リーダーシップを発揮するために必要な「人間力」も事例を通じて学んで頂きます。また，ワークを通じて，受講者の「気づき」を促し，各職場での実践力も養います。

研修カリキュラム　例

回数（1回120分）	テーマ	研修内容
1回	職場リーダーとして「人間力」向上①	1　管理者の心構えと役割 2　管理者に必要な「人間力」とは
2回	職場リーダーに必要な部下の育成・指導	1　部下への「任せ方」と「叱り方」 2　映像学習「一人ひとりが主人公」
3回	職場リーダーとしての「人間力」向上②	職場を変えるリーダーの「言葉」と「ストローク」
4回	（自己分析・演習）現実のリーダーシップ状況とWhyロジック分析	現在の不得手なリーダーシップ手法やストレスの原因になっている内容を明確にし，何故そうなるのか，自身のマネジメントを深く論理的に出来ない理由を整理（本当の理由に気づく）

5回	職場リーダーとしての「人間力」向上③	「信頼関係」を作るためのリーダーの習慣に気づく
6回	職場リーダーと部下とのコミュニケーションスキル	1　コーチングスキルを講義とワークで習得する 2　福祉現場でのコーチング活用事例
7回	職場リーダーとしての「人間力」向上④	1　自己を振り返る「自己反省のこころ」 2　人と人をつなぐ「報恩感謝のこころ」
8回	職場リーダーに必要な「リスクマネジメント」	1　職場での危機意識向上トレーニング 2　職場でのメンタルヘルス知識と日ごろの対処方法

この研修で達成されること

1　リーダーシップ発揮や管理者としての適性に悩んでいる管理者には，実務的アドバイスが受けられる

2　部下から信頼されるリーダーになる為の「人間力」に気づき，職場で実践するために必要な「シンプル」な習慣を身につけることができます。

3　コミュニケーションの基本スキルやコーチングの実践的なスキルの習得

4　出来るリーダーが行っている，部下に「任せる」スキル，部下を「叱る」スキルの習得

2 OJT育成職員（チューター職員）育成研修

研修の目的

本研修では，実際に業務を教える立場である職員（チューター）が，OJTの理解・コミュニケーション・育成計画の作り方等を学び，自らの役割を認識するとともに組織として新人に特化した指導体制を整備することで，早期離職防止を図り，職員の定着に資することを目的とします。

研修カリキュラム　例

研修テーマ	講義の狙い
1　新人・後輩指導の基本スキルを習得する	
⑴　新人・若手の立場になって考える 自らが新人であった頃を思い出すことで，指導方法をもう一度振り返って考えてみる	⑴　グループワークを中心に「伝わる」指導を考えてみる
⑵　チューター職員の役割 チューター職員の３つの役割を考える ・フォロワーとしての役割 ・メンバーとしての役割 ・リーダーとしての役割 映像学習「チームリーダーの使命」	⑵　講義と映像学習を通じてチューターの役割と指導方法について学ぶ
⑶　OJTの進め方 新人の成長段階に応じた指導方法を考える ・「教える指導」 ・「気づかせる指導」 ・「考えさせる指導」	⑶　段階に応じた指導の留意点と具体的な方法論を学ぶ
⑷　「仕事を任せる」「叱る」スキルについて	⑷　仕事の「任せ方」相手の「叱り方」のスキルを学ぶ
⑸　職場で活用するコーチングスキル ・「コーチング」と「ティーチング」 ・コーチングカンバセーション	⑸　講義と映像学習を通じてチューターに必要なコーチン

・相手の心を動かすコーチングマインド ・コーチングの基本スキル	グの基本を学ぶ
(6)　使ってみようコーチングスキル ・先輩役・後輩役・評価役で行うロールプレイ	(6)　ロールプレイで体感し「気づき」を得る
2　人間力向上研修（チューター編）	
(1)　福祉（保育）の現場で「働く」意義の再発見	(1)　「働くこと」の意義とは，そして「天職」とは何か，を考えてみる
(2)　人間力とは何か，そして人間力の高い人の共通点とは	(2)　人間力を定義し人間力を高めるシンプルな方法を学ぶ
(3)　人間力を向上させるシンプルな方法 「挨拶」「笑顔」の本当の意味を考える。	人間力研修は，映像，朗読，ディスカッションなどを通じ，自らの気づきを促し，職場での実践までを支援する。
(4)　「自己反省のこころ」を養う 「鏡の法則」から人間関係を築く	
(5)　プラス言葉とストローク だれでもできる「幸せ」を呼び込む秘訣	

この研修で達成されること

第Ⅰ部

OJTとは何から始まり，次に指導をどのように進め，どこまで関わるべきなのかを知り，そのうえで育成計画の立て方について学び，最後に実践におけるテクニックを身につけていただくなど，指導する側のスキルを上げる事を目的にします。

第Ⅱ部

人間力向上研修チューター編。後輩や部下を指導していくためには，指導スキルとともに，先輩や上司としての「人間力」が求められます。第二部では，指導者として後輩との信頼関係を構築していく上で必要な「人間力」について考え，「人間力」を向上させていくには具体的にどのような「心構え」と「行動」が必要なのか。それらを研修を通じて，自ら「考え」そして「気づいて」いただき，実践いただくことを目的にしています。

G

「言葉、表情、
33
7

3　福祉・医療人財の人間力向上研修

研修の目的

「福祉・医療事業者にとっての最大の課題」と言っても過言ではない，職員の“人間力向上”。

その最大の課題を解決するためのスキルを身につけることが本研修のゴールです。

今の時代，「何を提供するか？」より，「誰が提供するか？」で　顧客の感動が決まります。同じサービスを提供していても，ある人がやればお客様は感動し，感謝してくれますが，別のある人がやれば憤慨し，クレームの声が返ってきます。同じサービスを提供しているのに，いったい何が違うのでしょうか？

……実は，これこそが「人間力」の違いなのです。

「人間力」とは……

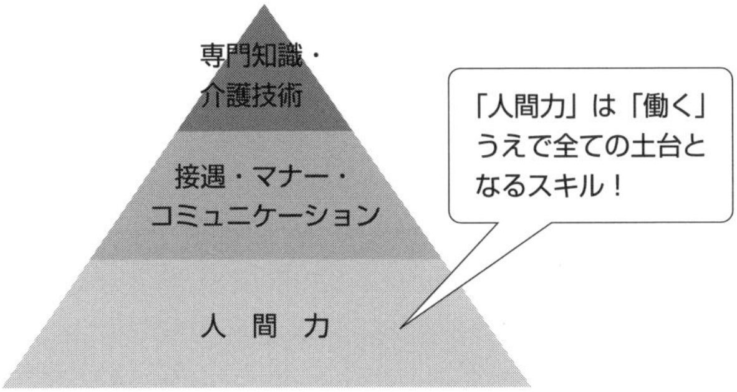

介護の技術スキル，接遇マナーなどのソーシャルスキルの土台になるのが「人間力」です。

「人間」として，「組織人」として，又は「職業人」として人間力を磨くことで，生きる上での心構えである「土台」をしっかり作り上げることがまず必要です。その上で，各職種の専門技能等は，しっかりし，揺るぎないものへと成長していきます。

研修カリキュラム　例

回数（1回120分）	テーマ	研修内容
1回	福祉・医療の現場で「はたらく」ことの意義とは	1　これからの福祉人財に求められる三つの能力 2　福祉現場で働く意義の再発見
2回	福祉・医療サービスの質を高める人間力とは	1　人間力（モラルとスキル）を向上させるには 2　人間力の高い人の「共通点」とは。
3回	福祉・医療の現場で具体的に何を実践すればいいのか	ご利用者様やご家族様とのより良いコミュニケーションのための基本スキル
4回	福祉・医療現場で必要な人間力の４つの要素①	1　「自喜喜他」「報恩感謝」のこころの意味を考え，自分を振り返る 2　「報恩感謝」のこころ，「ありがとう」の本当の意味とは
5回	福祉・医療現場で必要な人間力の４つの要素②	「自己反省」の意味を考え，自分を振り返る。「プラスのストローク」の大切さをワークで実感
6回	研修で気づいたことを現場で続けていくためのコツ（研修まとめ）	自分の意識を変えるシンプルな「行動習慣」を身に着ける

この研修で達成されること

【研修のプロセス】

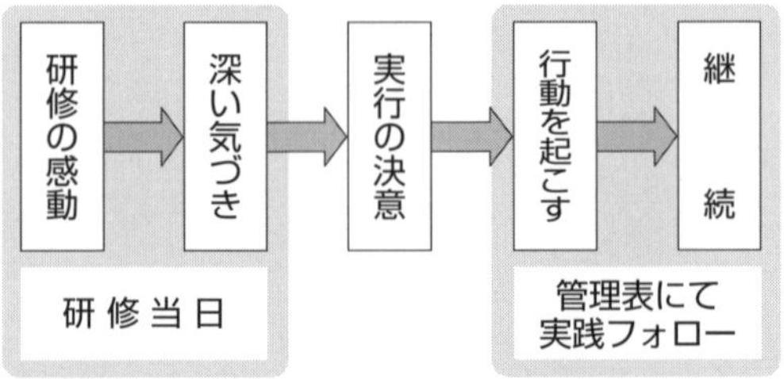

① 体験実習

「笑顔」や「職場のチームワーク」の大切さを体感して頂きます。

② グループディスカッション

自分の感じ方と他人の感じ方の違いを理解し，新たな「気づき」を得ることができます。

③ グループ発表

グループでの意見を発表することで，受講生全体の共有化を図ります。

④ 映像の視聴や朗読の体験

映像や朗読を通じて，「気づき」と「感動体験」を共有化することが出来ます。

毎回のテーマに沿って受講者が自ら気づき，行動できるようになるために，ふんだんにワークを盛り込み，また体で覚えていただくように研修を組み立て，そして演出します。

「深い気づき」を引き出すには，受講者の心を揺さぶり，心に響くシナリオが必要です。「知る」「わかる」だけにとどまらず，「できる」をゴールにしていますので，すぐに現場で実践できます。

Column

ある介護職の受講生アンケートから（抜粋）……県社会福祉協議会　集合研修参加者

今の会社を辞職しようか考えた時に研修に参加させて頂きました。私は，介護の仕事が大好きです。しかし人間関係で悩む事が多く，自分自身も嫌でした。でも研修を受け，私が介護の仕事を始めた頃を思い出しました。私はデイサービスで７年間利用者の楽しむ姿や喜んでいる姿を見るのがうれしくて，毎日仕事をするのが楽しい日々を送っていました。同じ目標（利用者に喜んでもらえる事）を持っている仲間とサービス残業をしても，辛いとか嫌だな～と思った事は一度もありませんでした。

たしかに今思い出せばあまり好きではない職員もいましたが，あまり気になりませんでした。自分には目標と仲間がいたからだと思います。

現在は施設で働いていますが，愚痴や不満，マイナス思考と…仕事が好きな事は変わっていませんが，昔の輝いていた自分はどこにいってしまったのか？研修のディスカッションで「初心忘れるべからず」と言葉が出た時，私はもう一度自分と介護の仕事に向き合おうと思いました。

私は明るく，穏やかな自分をもう一度取り戻せそうです。研修に参加しなかったら，辞職していたかもしれませんね。きっと私はもう一度輝けると思います。変わりたいと思う自分になれるような気がします。これからの人生，楽しくなれそうです。本当にありがとうございました。

第V章 介護事業所への人事制度（キャリアパス制度）の支援

第Ⅲ章でお伝えした「介護職員処遇改善加算」は，2010年から，職員の給与を改善するための財源として，事業所に与えられていますが，全ての事業所に与えられるものではなく，前述のように加算取得の要件を満たした事業所のみに与えられる仕組みになっています。ただ，従来の加算要件は「低いハードル」であったので，届け出れば，事実上どこの事業所でも加算が取得できるという状況にありました。

ところが，2017年４月からの報酬改定では，取得のための「ハードル」が大きく上昇したのです。その要件に加わったのが，「キャリアパス要件」です。しかもそれが「上乗せ加算」の必須条件になったのです。つまりキャリアパスがなければ「上乗せ」の加算は取れない，ということに変わりました。

さらには，その加算の水準（加算率）が，従来の水準からほぼ「倍増」になった（後述）ことにより，加算取得の有無によって，職員の収入が大きく異なるものになるわけです。

それでは，そもそも「介護職員のキャリアパス」とはどんなものなのか。これについて厚生労働省は下記のように示しています。

- 介護職員の職位，職責又は職務内容等に応じた任用等の要件を定めている。
- 上記に掲げる職位，職責または職務内容等に応じた賃金体系（一時金など臨時的に支払われるものは除く）について定めている。
- 上記２点の内容について，就業規則等の明確な根拠規定を書面で整備し，全ての介護職員に周知している。

また，処遇改善の仕組みが見直される都度，キャリアパス要件が強化され続けているのは，加算取得の為のキャリアパスではなく，「本当に機能するキャリアパスを構築，運用してほしい」というメッセージに他なりません。職員の真の定着のためには，「機能するキャリアパス」が不可欠なのです。

1 「機能しているキャリアパス」とは

キャリアパス制度に関する介護事業者の実際の整備状況はどのようになっているのでしょうか。もちろん，事業所の規模，介護サービスの内容によって状況は異なっているものの，概して，多くの課題を抱えている状態といっても過言ではないでしょう。

- 人事評価を行っていない。または，行っているが，給与，賞与に反映されていない。
- 資格等級を導入しても，各等級の職能や能力要件が明記されていない。
- 給与水準と職能，職責が連動していない。

上記のように，未だに整備されていない事業所であったり，制度はあっても運用されていなかったり，キャリアパス全体としてうまく機能していない事業所がまだまだ多い，というのが私の実感です。

それでは，キャリアパスが機能しているとは具体的にどのような状況をいうのでしょうか。

下記のポイントに沿って，現状の運営状況を検証して見てください。その結果，どこにも問題がなければ，自他ともに認める「機能しているキャリアパス」がある法人と言えるでしょう。

① 職員の段階区分（等級区分）や段階定義（等級定義），段階ごとの役割，求められる能力，それを身に着けるための研修，その現状を評価する方法，段階を上がる条件，そしてそれに伴う給与などを規定化し，文書化できているか。

② 上記で規定化していることを，実際その通りに運用しているか。

③ その内容を，職員に説明し，活用していけるよう支援しているか。

④ そして実際にその制度を活用して，キャリア形成できている職員がいるか。

2 キャリアパス制度の構築と運用支援

前述の視点で，各事業所を検証してみると，残念ながらその多くは，「機能している」キャリアパスを有しているとは言えない状況かと思います。

しかしながら，厚労省が示すデータによれば，全事業所の80％を超える事業所がキャリアパス要件が必要な処遇改善加算Ⅰを有しており，そこには現場における現実とのギャップが存在しているといっていいのではないかと考えています。

したがって，現場の人事労務を支援する我々社労士こそが，それを支援する役割を担っているものと考えています。さらには「同一労働・同一賃金」への対応にも常勤・非常勤のキャリアパス・人事制度を構築し，運用することが必要であることを考えれば，まさに「急務」の支援課題と言っていいかもしれません。

以下に，弊社における今までの支援実績から，事業所支援のポイントをお伝えしたいと思います。

3 介護事業に求められるキャリアパス制度とは

そもそもキャリアパス制度とは，どのような制度なのでしょうか。言葉の意味としては「職員のキャリア形成に関する道筋」などと訳されますが，具体的にはどのような制度のことなのか，説明します。

まずは，制度の構成と全体像を見ていきましょう。

【キャリアパスの全体像】

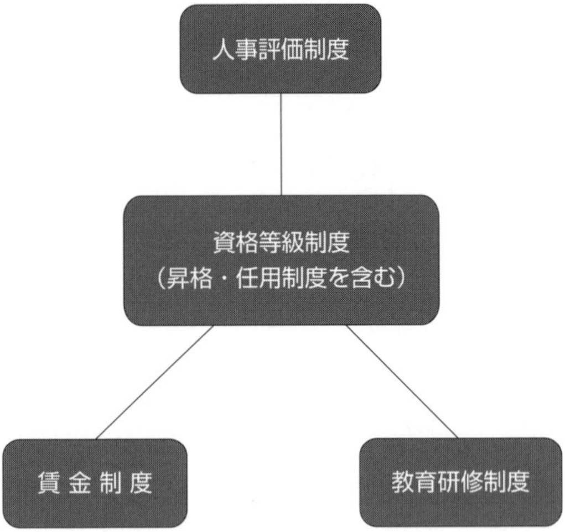

ご覧の通り，資格等級制度を中心にして，人事評価制度・賃金制度・教育研修制度が，それに連動して整備された制度と言うことが分ります。

そこで，各制度とその目的を整理すると以下のようになります。

制　　度	目　　的
資格等級制度	役割（役職）と業務によって規定される「マス目」毎に求められる要件を明らかにする
人事評価制度	求める水準とその評価基準を明確にし，達成度を判定する
教育研修制度	仕事に必要な知識や技術・能力を身につけさせ，磨く
昇格制度，任用制度	評価の結果を踏まえワンランク上にあげる条件や基準を定める
賃金制度	役割（役職）と業務によって規定される「マス目」に応じた賃金水準を定める

すなわちキャリアパスとは，「介護職員についてどのようなポスト・仕事があり，そのポスト・仕事に就くために，どのような仕事能力，資格，経験が必要になるかを定め，それに応じた給与水準を定めること」ということになります。

一人ひとりの職員は「自分がどこのマス目（資格等級）に属しているのか」や「そこでは何が求められるのか」を意識して仕事に取り組むことになることで，仕事のプロセスや成果，職員の能力が「該当するクラスの要求レベルを満たしているかどうか」が確認出来るようになります。

また，ワンランク上のマスに進むために何が足りないのか明確になることで目標が出来，達成するために必要な研修等を受講し，スキルアップに努めるようになります。

昇格すれば，それまでよりも重い職責，難しい職務内容を担うことになり，能力もより高いものが求められますが，その分，給与水準も高くなります。職員はあらたなステージで求められる水準を意識しながら仕事に取り組むようになります。

4 キャリアパス構築支援の手順とポイント

それではここで，実際に事業所にキャリアパス構築支援を行う際の，手順とポイントについてお伝えしたいと思います。まずは，その骨格とも言うべき（役割）資格等級制度から始めます。

1 （役割）資格等級制度の作成

【資格等級制度のフレーム事例】

名　　称	定義	役職	役割と業務	求められる能力	研修	給料	昇格条件
管理職６級							
指導職５級							
指導職４級							
一般職３級							
一般職２級							
一般職１級							

ステップ１　階層と業務レベルを決める

ますは何よりキャリアアップするための階層を設けなければなりません。この階層が，キャリアパスの「骨組み」になります。この骨組みの上に，いろいろな要素を載せていくのがキャリアパス制度の構築の作業となります。

例えば，等級区分については下記のようなパターンが一般的かと思います。もちろん事業所規模に応じた等級数ということになりますが，概ね６等級から９等級程度かと思います。

- ６級は上級管理職層で，施設長レベル
- ５級は管理職層で，課長レベル

• 4級は初級指導職層で，主任レベル
• 3級は一般職員で，上級職員レベル
• 2級は一般職員で，中級職員レベル
• 1級は一般職員で，初級職員レベル

一般職員の間も，いくつかの階層を設けたほうが，職員にとっては，キャリアアップの一里塚となり，成長や定着のモチベーションの源泉になります。

また，階層を設定したら，その階層に要求される「役割と業務」の定義をいれます。各階層に求める業務のレベルを言語化するとどんな表現になるのかを検討していくのです。一般に，「一人前」といわれるレベルを一般職としての上位に置いたうえで，その下位層の定義づけを行います。また，業務の具体的な内容については，別紙に，職能要件書として示した方が分かりやすいものと思います。職能要件書については，人事評価（職能評価）の項目にて解説いたします。

因みに，1級から3級までの役割と業務の事例をご紹介いたします。

等級	役割と業務
3級	通常業務に精通し，自己の判断で確実に遂行できる。また下位者への実務指導補佐も出来，「一人前」と判断されるレベル。
2級	具体的指示または定められた手順に従って行う単純定型業務ができる。勤続3年以内の業務能力（具体的業務は職能要件書を確認のこと）
1級	具体的な指示に従って行う単純定型業務ができる。勤続1年未満の業務能力（具体的業務は職能要件書を確認のこと）

留意点1

階層設計の留意点として，階層は「現状の姿」でなく，「あるべき姿」で構築することが重要です。キャリアパス制度の構築は，現状の組織をベースとしながらも，将来の組織のあり方も同時に検討していくことが必要です。

例えば，現状のリーダーの上は，主任だ，という場合でも円滑に運営するためには，その中間に「副主任」クラスの階層を設けた方が良ければ，当面は該当者がいなくてもいいのです。階層の設定は，現状そのような職員がいる，いないということではなく，「こうあるべきだ」「こうありたい」という方を判断基準として構いません。その結果，階層の数が実際の職員数を上回る，というようなことも起こりえます。

さらに，等級に対応する業務レベルも同様で，該当等級の現状のスタッフが，現在そのようなレベルの仕事はしていない状況でも，法人が要求している業務の内容を明確にすることで，職員の能力向上を促すものとなりますので，ここでも「あるべき姿」を記載することをお勧めいたします。

留意点2

留意点の２つ目は，いわゆる「キャリアの複線化」です。現場では，「優秀な職員ほど役職にはつきたがらない」とか，「知識・技術面で分からないことについて，皆が教えてもらえる職員は決まっており，しかもその職員は役職者ではない」，といった話がよく聞かれます。

そこで考えるべきなのが，キャリアパスにおける「複線化」です。つまり，キャリアパスに描かれた昇格ラインによらずに，役職にはつかずに専ら専門性を高め，組織に貢献するキャリアパスを作ることです。

この階層を「専門職」として，上級介護職の水準を超える水準をもって処遇します。この場合，当該職員はマネジメント業務を行わず，もっぱら好きな介護の道を追い続けても，相応の処遇が保障されることになります。専門性の高さを認められてこその処遇なので，職員のプライドも充足することができます。

福祉職場には「一般層」「指導監督層」「管理者層」といったマネジメントの階層の他に，「スキル」による階層が存在するとし，「指導監督層」に相当する「エキスパート職」や，管理者層に相当する「スキルリーダー」といった定義づけを行っている事業所もあります。

また優秀な人材を滞留させては，離職につながりかねません。中小企業の中には職員が自らポストの数を読んで，諦めムードが漂っているようなケースも散見されますが，「専任職」を設けて，「当法人は，管理上の役職だけがポストではない。専任職というスキル面のリーダーもあり，相応に処遇する」と周知すれば閉塞感が一気に変わるはずです。

ステップ2　求められる能力を設定する

能力についての基本的な考え方は，「仕事をするために必要な能力」です。例えば，報告，連絡，相談を円滑に行う「コミュニケーション力」，リーダー業務に必要な「リーダーシップ力」，業務計画の進捗を管理するための「財務会計の知識」等です。

これらの能力についても法人でプロジェクトを立ち上げ，職員間で議論すれば様々な内容が出てくると思いますが，一般的に良く使われるものを下記しますので参考にしてほしいと思います。

初任クラス	コミュニケーション力・自己管理力・理解力・実行力・整理力・計張力等
上級クラス	創造力・改善力・提案力・リーダーシップ・問題提起力
指導職員	指導力・育成技術・判断力・目標設定力・進捗管理能力・説得力等
管理経営職	決断力・問題解決能力・計画実行力・説明力・折衝力・情報能力等

ステップ3　必要な研修を設定する

キャリアパスについては，「仕組みの構築だけが事業者の責務であり，それをどう活用するかは職員次第」という訳にはいきません。職員にキャリアアップの機会を意図的に提供することも事業者の重要な責務です。

事業者は人材育成方針を踏まえた上で，「各階層において求められる仕事がきちんとできるようになるための研修」「その仕事に必要な能力を身につける研修」「資格を取得するための研修」という視点で，研修を整理，体系化しなければなりません。

留意点1

研修には「直面するニーズ」と「育成に必要なニーズ」の双方があります。差し迫った必要性を感じるという意味では，どうしても専門性を優先しがちになります。専門性が重要であることは言うまでもありませんが，問題なのが，「組織性の研修」が軽視されがちなことです。

指導職，監督職という階層から上は「専門職の階層」でなく「組織マネジメント」の階層です。「介護主任にはなりたくない」「主任に抜擢したら期待外れだった」という経験がある法人では，そもそも主任業務が務まるだけの研修機会を職員に提供しているかどうか，検証してもらいたいと思います。

また，研修体系の構築と充実は，担当者の配置や委員の設置が不可欠になります。組織が小規模の場合は，代表者や管理者が兼務でも構いません。要は研修の責任者を明確にすることが必要です。

留意点2

研修には，「OJT」「OFFJT」「SDS」の３つの手法があります。

OJTとは，職場の上司や先輩が実務を通じて，または実務と関連させながら，部下や後輩を指導育成するものです。

OFFJTは，業務命令である一定期間通常業務を離れて行う研修で，職場内の集合研修と職場外研修の二つがあります。

そして**SDS**は，職員の自主的な自己啓発活動を職場として認め，経済的，時間的な援助や施設の提供などを行うものです。研修については，既に行われているケースが多いので，その内容を階層別に体系化することがポイントです。

ステップ4　昇格条件を設定する

何をどのように頑張れば，階層を上がっていくことができるのかを決めるのが，キャリアパスの中で最も重要なルールの一つである「昇格条件」です。昇格要件では，次の５つの視点で検討をすすめれば良いと考えています。ただし，重要なことは，５つ全てを設定しなければならないわけではなく，この中から，自社の昇格要件として，どれを導入すべきかを検討していくことです。

1　前等級における最低勤務年数

「リーダーを最低３年やらないと主任は務まらない」というような発想が

あると思いますが，このような考え方を昇格の条件として，１級は２年以上，２級は３年以上などのような形で採り入れます。そして各階層の滞留年数を決めます。つまり昇格を考えるときにも，この年数経過が一つの要件になります。

2　資　　格

それぞれの等級で取得してほしい資格を昇格の条件として用いるという考え方です。

3　受講しておくべき研修

本来，昇格前に，昇格後に必要になる能力を身につける研修を受けておく，というのが望ましい研修の受け方ですが，なかなかそのように次のキャリアを意識した研修受講というのは難しいため，研修受講を昇格条件にする場合は，「新入職員研修を受講しないと２等級にはなれない」というように，現階層の必須研修を受講していないのに，先にはすすめません，といった観点で行います。

4　実務経験

「優秀なケアスタッフだったのに，リーダーにしたらプレッシャーから力を発揮できず，結局もとの立場に戻さざるを得なくなった……」などというミスマッチをなくすために，指導監督職（主任等）になる前に，一般職の間に，一度でも委員会の委員長や行事のリーダー等を務めた経験がある事などを，昇格条件にするケースもあります。

少し大きな事業所では，複数の事業所を経験していないと（異動していないと）管理者になれないというルールもこの類です。

5　人事評価

人事評価制度を取り入れている事業所では，必ずといっていいほど，その結果を昇格の条件に用いています。「階層に求められる業務ができているか」を評価しているのであれば，その結果を次の段階に進めるか否かの判断基準に加えるというのは，極めて合理的な方法です。

2 人事評価制度

まずは，ご参考までに介護事業者から人事評価に関する相談内容の一例を下記に紹介いたします。

【経営者・管理者の方から】

- 外部コンサルタントにお願いし，人事評価は作ったけれど……一般企業と同じ評価内容になっているので，介護の職場にはなんとなくしっくりこない。
- 人事評価自体に信頼感がない。
- 評価者自身の評価スキルが未熟。
- 評価結果を面談でフィードバックしても，被評価者の納得感が得られない。
- 人事評価が「給与を決める為の手段」という認識で評価のための評価になっている。
- 職員のヤル気やモチベーションを促進するものにはなっていない。
- マイナス評価に該当する職員が本当はいた筈なのに，ほとんどマイナス評価は出ず，プラス評価の職員と現状維持職員ばかりになり，「横一線」から抜け出せない，等。

【職員からの意見】

一方で，下記は職員側から見て現行実施している人事評価に対し，どのように思っているかをヒアリングしたものです（社会福祉法人の職員に実施）。

- 頑張っても怠けていても同じ評価はおかしいのではないか。
- 自分の仕事が公平・公正に評価され給与に反映されていないのではない

か。
- 評価の中身をおしえてほしい。
- いくら頑張っても認めてもらえないのでは。
- 人を育成する仕組みになっていない。
- 評価のための評価になっていて意味がない，時間の無駄。
- 評価者がだれかによって結果が大きく異なる，等。

現場には人事評価に対するいろいろな課題があります。

そもそも評価制度を考えるうえで，最も大切なのは「人事評価制度を導入する目的とは，いったい何でしょうか？」という問いです。

これは，どの業種でも言えることかもしれませんが，得に介護職に対する評価目的は「人材の育成」と「やる気の向上」ということであろうと考えます。

つまり評価を職員の目線から見てみると，自分の仕事に良し悪しの判定基準が存在するのであれば，具体的に提示してほしいと思うでしょう。少なくとも行っている職務は正しく認めてほしいし，仮にそれが「未達」と判断される場合においても，客観的な根拠に基づく指摘を受けたいものです。

さらに，今後どのような仕事の仕方や，技術，知識を身につければ良いのかを知り，習得の機会（研修）を得てそれが出来るようになりたい。そして職務能力が向上し，期待される役割が上がっていくに伴い，処遇も上がっていってほしい。こうした職員の思いに応え，職員の育成とモチベーションを形成する制度が，人事評価制度なのです。

1　キャリアパスの中の人事評価

ここでは，人事制度の中で人事評価の役割をみていきます。**【図表１】**をご覧いただきますと，人事評価制度は人事制度全体の中で，中核的な存在であることが分かりますが，大切なのは**【図表１】**に示す➡の流れ（順番①～⑧）なのです。

【図表１】

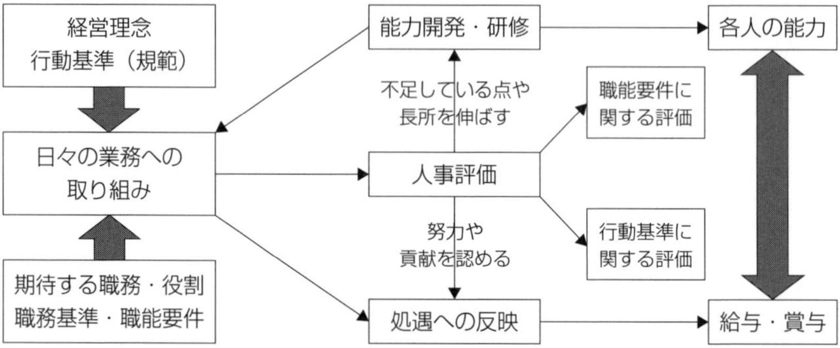

① 経営理念に基づく行動基準（規範）を「見える化」する。

② 期待する職務・役割に基づく職務基準・職能要件を「見える化」する。

③ ①と②を日々の業務への取り組みの中で具体化する。

④ 人事評価（職能評価と行動評価）を行う。

⑤ 人事評価の結果により，達成感の醸成と今後の課題を明確にする。

⑥ 課題達成のための教育（能力開発・研修）を行う。

⑦ 評価を処遇に反映（昇給，賞与，昇格，昇進）させる。

⑧ 各人の能力に見合った処遇の実現を図る。

この流れの順序でキャリアパスの運用を実際に行うことが，「人財の確保と育成」を目的にした人事評価には，非常に重要な要素であると考えています。

ポイントは，日々の業務を行う前に，期待される役割，職務内容，行動基準を理解したうえで，業務をスタートさせることです。つまり，職務基準，行動基準を事前に整備することで，職員はその内容を知識として知り，そしてOJTで習得し，実践するということになります。そして，数か月後の職場での実践状況を評価するものが，人事評価です。つまり，業務スキルの習得・実践状況は「職能評価」で，行動基準の理解と実践の状況は「行動評価」で評価を行うことになります。

評価が良ければ，処遇に反映され，評価が水準を満たさなければ教育・指導（研修・OJT 指導）によりレベルアップを図り，達成できれば処遇に反映させます。その結果として，各人の能力・役割と処遇のバランスが取れるようになるのです。

2　職員と情報を共有しながら，人事評価制度を作り上げていく

一般的に，人事制度は総務部および幹部職員が中心となって作っていくケースが多いと思いますが，できるだけ構築の段階から職員と情報を共有し，可能な限り意見を聞きながら制度を作り上げていってください。

（写真）　キャリパスを導入することで，施設の将来や職員の成長に向けて，どんなメリットがあるのかワークショップで共有する。

特に，制度検討にあたり，人事評価やキャリアパスの導入メリットを職員同士で共有したうえで，スタートできれば理想です。職員が制度構築への参画意識を持つことで，上層部からの押し付けではなく，自分たちが作った制度という意識を持って進めていくことは，その後の運用に大きな意味を持ちます。

3　事後評価，抽象評価を改善する

一般的に評価制度の運用では，事後評価が行われています。つまり期の終わりに評価が行われるのです。この評価のための評価制度を改める必要があります。今までの評価制度は次のような欠点を抱えています。

- 目的達成度といった具体的な評価要素はありますが，抽象的な評価要素（例えば責任感，協調性など）も多く，評価される側にとっては評価の基準が明確には分からない。
- 職員の能力や努力を「後になって」または「１年後に」に（メモしておいて行うか，思い出して行うかは評価者によって差があると思うが）評価を行う。
- 評価する場合の着眼点として，何を評価するかが不明確なまま期が始まる。従って，職員はどのような行動や努力をすべきなのかが不明確なまま新しい期を迎える。

このように，評価は抽象的な着眼点で，かつ事後評価が基本的な運用になってしまっています。これでは，職員を育てる評価制度の運用になってはいないのです。

4　期待される職員像を事前に明確に提示すること

部署別，職種別，そして等級別に「期待される職員の努力」を具体的に明記します。はじめから「どんな努力をすれば良い評価になるか」を明示しておく。この内容が「期待される職員像」となり，全ての職員に，期の初めから「こんな努力をしてほしい」と明示するわけです。

評価は学校で行われるような試験や通信簿ではありません。学校の教育では，教科書に基づいて教えていき，期末または年度末に試験をして結果だけを測定し，評価すればいいのですが，職場ではそうではなく，どんな問題を出すのか（つまりどんな行動を期待しているのか）を初めに明確にしておいて，出来るだけ多くの職員が優秀な成績，つまり５段階評価ならＳ評価やＡ評価を取ってもらうようにすることが必要なのです。

その場合，必ず意見として聞こえてくるのが，「良い評価が増えれば，人件費が増加してしまうのでは？」という懸念です。もちろん，評価結果を反映させる処遇財源（例えば，処遇改善加算）は確保しておきながら，その財源の限度内で分配を行う管理手法は必要になってきます。それは給与制度における昇給や賞与の仕組みにかかわるところなので詳細は割愛いたしますが，総枠人件費の考え方で収支管理を行っていくことも重要な視点です。

5　フィードバック面談を大切にする

人事評価でもっとも大切なキーワードは何でしょうか。それは「透明性」と「納得感」です。透明性とは，人事評価でいえば，どういう評価項目で，だれがどのようなプロセスで評価をしているのかが明確であること。また「納得感」とは，なぜその評価結果になったのか被評価者が理解し，納得することです。しかしながらこの納得感が生まれるのはそう簡単にはいきません。なぜなら多くの職員は，自分は一所懸命仕事をし，それなりに仕事で貢献していると思っているからです。しかしながら，上司の評価がそのようなものでない場合には，だれしも心穏やかでは，いられないはずです。半ばあきらめて，表面的に納得したフリをしている場合も多いのではないでしょうか。

それでは納得感を醸成するにはどうすればいいのか。まず，絶対に必要なのが，フィードバック面談です。面談では，自己評価と上司評価が明らかに違っている項目に着目し，その評価にした根拠を具体的に話し合うことで，お互いの視点や期待レベルを知ることができ，初めて「納得感」が醸成されてくるものです。

6　評価内容の設計（アウトライン）

評価内容の設計にあたり，留意すべき点として下記の点について解説いたします。

どんな評価を，誰に向けて，行うのかを決める

評価には成績評価，行動（情意）評価，能力評価の３種類があります。各評価の定義，本質，評価方法について下表にまとめてみました。

【成績評価・行動評価（情意評価）・能力評価の比較】

	成績評価	行動（情意）評価	能力評価
定義	仕事を通じて実現した成果の評価	仕事に対する意欲・取り組み姿勢の評価	担当業務についての遂行能力の評価
本質	結果のみを考慮した評価であって，環境や条件を評価の対象にしてはならない。	仕事を遂行する上でのマインドの評価であり，結果は成績で評価するため，原則考慮しない。	結果のモトとなる本人の業務遂行能力を，結果を通じて評価する。
評価方法	目標設定・評価・面接制度を導入する。目標の達成度度合いで評価する。	秘めたる意欲は評価しないこと ⇒理念，規範などに照らし具体的にどのような行動を行ったかを評価する。	職能要件書にて，階層別に必要となる職能を明示し，職場での実践状況を踏まえて評価する。

上記の評価内容のいずれかを，職員の成長に応じて選択していくことになります。ちなみに弊社は職員を「役職者」と「非役職者」に区分し，導入することをお勧めしています。

職員の成長段階	能力評価	成績評価	行動評価
役職者		○	○
非役職者（一般職員）	○		○

つまり，行動評価は役職者，一般職の双方で導入が必要と考えますが，能力評価は一般職における成長過程のプロセス評価として一般職のみに導入し，成果評価は職責に応じた結果評価として，役職者への導入が適しているものと考えております。

7　評価対象者と評価者の設定

評価対象者は当然，法人職員ですが，パート職員，嘱託職員，契約職員などのいわゆる非正規職員まで含めるかどうかを決める必要があります。

正規・非正規というのは働き方の違いであり，利用者からみれば関係のないことです。したがって可能な限り，すべての職員を人事評価の対象として検討してほしいものです。

但し，正規・非正規を全く同じ評価内容・評価方法で行ってしまうと，両者の処遇差があることに合理的な説明がつかなくなる点においては注意が必要です。少なくとも評価項目に差をつけるなど違いに配慮した人事評価が必要です。また，非正規から正規への登用基準としての人事評価の活用も今後，重要な視点になってくるものと思われます。

(1)　能力評価（職能評価）について

介護施設の人事評価を構築していく上で大切なことは，「サービスの質向上」の基となる能力とは何かを，まず具体的に明示することです。

その能力が分からないままでは，能力を基準とした評価，育成，処遇のしくみづくりは完結しません。それを形にして，「見える化」したものが「職務基準・職能要件書」ということになります。

①　職務基準・職能要件書（職種別）

従事する職種及び等級ごとに，法人が求める職能（業務スキル）を職能要件書において定めています。職能評価では，その達成度を定期的に評価し，その結果を昇給時の処遇及び等級の決定・見直しに使用するものとします。

職員が業務を遂行する時の「業務スキル」が，法人が期待する内容となるように，その内容を明確にし，かつ定期的に行動・努力を評価します。この評価によって，職員自らが課題を具体的に把握するとともに，上司とともに課題解決の目標設定を行うことができます。

【事例１】に示したものは，施設系介護事業所における介護職の職種別能力要件書の事例です。

【事例１（基本介護，排泄介助）】

介護職　職能要件書

所属		等級	
氏名			

業務（大項目）	課業（中項目）	業務内容（小項目）	チェック項目	「キャリア段位制度」項目の有無	自己評価	等級					上司評価	上司コメント
						1級	2級	3級	4級	5級		
基本介護	排泄介助	排泄の準備	清潔行為，不潔行為に関する基本的知識を有し，衛生面に気をつけ，手洗い，感染予防のための手袋着用等を確実に行ったか（失禁や多量時はエプロン着用）。			○	◎					
			排泄器具・補助装備に不備がないか確認したか，また，個人的に必要な物品をもれなく準備したか。			○	◎					
			自尊心・デリカシーに配慮した声掛けを行い，排泄介助に当たっては介助内容を伝えて同意を得る事ができたか。			○	◎					
			ご利用者の排泄のリズムやパターンを確認したか。				△	○	◎			
			ご利用者のADLを把握し，排泄する上で，できる部分はご利用者にやってもらうようにしていたか。	○		△	○	◎				
		排泄介助	身体機能や症状にあわせた排泄介助に関する知識を有し，ご利用者の個別の状態に応じて，適切な方法で排泄介助を行うことができたか。			△	○	◎				
			トイレ（ポータブルトイレ）で，ご入居様の足底がついているか，前屈姿勢がとれているか等座位の安定を確認することができていたか。	○			○	◎				
			ズボン，下着を下す了承を得て，支えながら下したか。	○			○	◎				
			拭き残しがないように，手順を追って清拭を行うことができたか。			○	○	◎				
		排泄後介助	排泄終了後は，自身の手洗いを確実に行うとともにご利用者の手洗いも行い，衛生面に留意していたか。			○	◎					
			オムツ・パットを装着後，衣服にしわがないように整えていたか，また，オムツの種類・サイズが適切であったことを確認したか。	○			△	○	◎			

②　能力要件としての表現

業務を職種別に「大項目」「中項目」「小項目」「チェック項目」に分類し，必要な業務を具体的にかつ分かりやすく表現します。これには事前に業務洗い出し作業が必要になります。また介護職については厚生労働省が作成している「キャリア段位制度」のチェック項目を参考にして作成することをお勧め致します。

③　求められる業務の「質」・期待レベルの表現

「資格等級フレーム」で定義した資格等級に対応させ，「この仕事は何等級の人にして欲しいのか」「どの程度の出来映えを期待し，要求するのか」その仕事内容と期待レベルを明らかにする作業です。

例えば**【事例1】**では

△：指導を受ければできる

○：自分ひとりでできる

◎：指導をすることができる

等の表示で簡易的に明示しています。

④　職務基準・職能要件書（職種別）の作成方法

この基準書は当然，人事部門だけで作成してもなかなか賛同が得られないので，現場を巻き込む必要があります。作成に当たっては，次のような点に留意する必要があります。

・責任者を決めてと取り組む

作成全体の進捗管理と，統一的な見方ができる管理職クラスの責任者を決める（専門家，コンサルに委託した場合には，その専門家が責任者になる）

・現場の中堅クラスに具体的な仕事の洗い出し作業をしてもらう

現場の中堅クラス（その仕事を一番知っていると思われる監督者クラス）を選びその人に作業をしてもらう。

・作業メンバーは一つの職種に２名選定する

一人だと考えこんでなかなか進まないが，二人で話し合いながら行うと早く進む。５から６人になると決めるのに時間がかかってしまう。

・作業が完成するごとに責任者がチェックする。

具体的な仕事に洗い出しが終了して評価基準の作成が終了した時点，上記アの責任者が「具体的仕事の数」「仕事の種類の数」「評価基準の表現方法」を職種間である程度統一する（あまりに差がある場合には修正する）特に具体的な仕事の数や仕事の種類の数は完成してから修正すると時間がかかってしまうので，その時点でしっかりとチェックしておく。

・作 成 手 順

職務基準・職能要件書（職種別）の概略の流れは下記の通りとなります」。

職務基準を作成する職種を決定する⇒「業務洗い出し表」を作成する⇒洗い出した具体的仕事を種類ごとにまとめる⇒まとめた「具体的仕事」ごと

「仕事の種類」名を決める⇒職場で職員に当てはめて（現実的かどうか）チェックする。⇒具体的仕事ごとに「評価基準」を書き出す⇒具体的仕事ごとに「求められる能力水準」を評価して「記号」で入れる，となります。

⑤　**職務基準・職能要件書（職種別）の運用**

各等級に求められる仕事の内容（チェック項目）について，自己評価を行います。評価頻度は半年もしくは１年に１回。昇給，昇格に反映させるケースが多いようです。

また，法人が決める等級任用要件としても職能評価を活用します。例えば，「２等級の要求項目を90％以上クリアできれば，昇格することができる」という規定にしている事業所もあります。上司評価終了後は，必ず部下にフィードバック面談を行い，上司の見方を伝えるとともに，今後の改善課題を明確にして，部下と共有化をします。また評価結果が劣る職員については確実にフォローを実施し，また職員自身にも，ある意味の「危機感」を持たせながら，改善を図っていただく指導が必要になります。

(2)　行動評価について

まず，行動を評価するための基準となる「行動基準」について考えてみたいと思います。

①　**行動基準の意義**

職場に人が集まらず，人材教育になかなか時間がかけられないのが現場の現実です。一方，人の価値観や考え方のばらつきは，ますます大きくなってきていますし，また職場環境や専門分野の変化のスピードは年々速くなってきています。

そんな状況下において，法人の価値観に基づいた職員一人ひとりの行動基準を明確化して，法人が求める職員像を「見える化」することが，これから益々重要な要素になっていくものと考えています。また，行動基準の根底にある「ありたい姿」は，各法人の「経営理念」や「行動規範」という形で表現されています。まさにこれは法人の価値観の基盤になっているものです。

ただ，経営理念や行動規範で使われている言葉は抽象的な言葉が多い為，なかなか各職員がその言葉の意味を理解し，日々の行動につなげる動機付けとすることはなかなか難しいのが現実ではないでしょうか。そのため，理念にある「想い」を咀嚼し，誰でも分かる言葉で，かつすぐに行動を起こせる具体的な表現を用い，一つの形にしたものがここでいう「行動基準」ということになります。下記の事例に書かれてある行動基準はすべて，ある施設の職員同士がディスカッションによって作られたものです。職員にもとても分かりやすく，かつ現実的な行動表現になっているものと思います。前述したように，職員と情報共有しながら進めていくことがここでも大切になります。職場での行動基準作成には，職場のリーダークラスが参画し，ファシリテートを加えながら，表現を作っていくプロセスとなります。職員たちは，自分たちの「想い」や「ありたい姿」が具体的な形になることを実感することが出来るので，職場での運用にも気持ちが入ります。

【行動基準の事例】

法人理念を反映する行動要素	行動基準（他の職員の見本となるようなモデル行動）
気配り・心配り	ご利用者がその人らしく生き生きとした生活を送る為の本人に合った真の目標を見出だし，達成する為の方法を一緒に考え，お手伝いしている。
	共有スペース（トイレ，浴室，玄関，フロア，ベット，畳，ソファ，車両，キッチン，休憩室，倉庫，洗濯場）は誰もが気持ち良く，使いやすいように人から言われなくても進んで，掃除，補充，整理している。
	常にプラス言葉（任せてください，面白そうだ，すぐやろうなど）で，職場の雰囲気を明るく活気あるものにしている。
協調性	自分の仕事をしている時でも，職員やヘルパーさん等に感謝し，労をねぎらう言葉を掛け，コミュニケーションをとることで，皆が気持ちよく仕事ができる環境を作っている。
	よりよいサービスを提供する為に，ご利用者様・ご家族様・関連職種などからより多くの意見を聴き，ご利用者様にとってよい援助方法があった際は，申し送りやカンファレンス時に率先して提案している。

	自分や各専門職の仕事が円滑に進むように，同僚や他部署に必要である情報を得た時は，すばやく的確に口頭や書面にて情報を交換している。

② 行動基準に書き出す内容（作り方）

たとえば「思いやり」なら，自分の職場で最も思いやりのある人を１～２名思い浮かべます。そして，その人は「どんな言動をとっているから思いやりがあるといえるのか」，その人が「思いやりがある」と判断できる具体的言動を列挙することです。

つまり，利用者様やご家族からの評判が良い職員，優れた行動を実践している職員が，常日頃やっている具体的行動やコツ，ノウハウを余すことなく書き出すのです。（例えば，○○先輩のこういう行動がすばらしい。）

内部の職員に該当者がいない場合は，外部の施設で見聞きした具体的行動でも結構です。また自分が常日頃実践していて効果が上がっていることを行動として書き出しても結構です。自分ではできていないが，できたらすばらしい行動も書き出してください。

③ 行動基準を作る際の留意点

「心構え」や「意欲」ではなく，具体的な「表情」「態度」「所作」「言葉」「行動」で表現してください。

ex.「問題の解決に努めている」⇒これは「意欲」であって，「行動」ではありません。つまり，「～できる」「～に心掛ける」「～に努める」という表現は避け，「～を（実践）している」という表現で書き出してください。

心構えや意欲ではなく，具体的行動もしくは成果で書き出すことが重要です。また，できるだけポジティブな表現にすることも大切です。さらに書き出した後，良いものをピックアップして，皆で討議しながら，法人のみんなが共通で行っていく「行動基準」を決めていくことになります。

④ 行動基準の作成により期待される効果

- 行動基準を「行動評価基準」とすることができます。
- 全職員一丸となって取り組むべき行動が明らかとなり，上司の部下指導の拠り所ができます。

- 仕事のやり方も含め，業務上のノウハウ，コツの共有化が図れます。
- 全職員の行動の質，業務の質，サービスの質を高めることができます。

⑤　行動基準の導入・浸透のステップについて

行動基準及び行動評価を職場にスムーズに導入していくには，下記に示すような段階を踏んで導入していくことをお勧めしています。いきなり行動基準が出来ているか，否かを評価される，というよりも，まずはその意味をよく理解した上で，実際に使用して行動してみる。それを繰り返し行うことで違和感なく，評価に進めるものと思います。

- ステップ１：「導入フェーズ」　目的は，行動基準の「認知」「周知」
  - ・モデル行動のカード化（いつでも確認することができるもの）
  - ・朝礼での唱和等（繰り返しによる記憶）
- ステップ２：「浸透フェーズ」目的は「意識し行動する」
  - ・職場単位でモデル行動の実践を相互に「認める」「褒める」
  - ・職場単位でモデル行動の実践事例（感動事例）を共有（朝礼，MTGなど）
  - ・素晴らしい行動を「表彰」する（職場風土の醸成に貢献）
- ステップ３：「評価フェーズ」目的は「トライアル評価」
  - ・評価シートを使い評価の実施（自己評価，上司評価）
  - ・面談の実施
  - ・評価シート等，課題の抽出と修正

⑥　行動評価の運用

行動評価の本質は「日頃の取り組み姿勢」なので，極力短いインターバルで，行動を確認する（「承認」する）必要があります。できれば，月に１回は自己評価および上司との面談を行い，上司評価を半年に１回の頻度で行うことをお勧めしています。

(3) 評価制度と処遇との関係

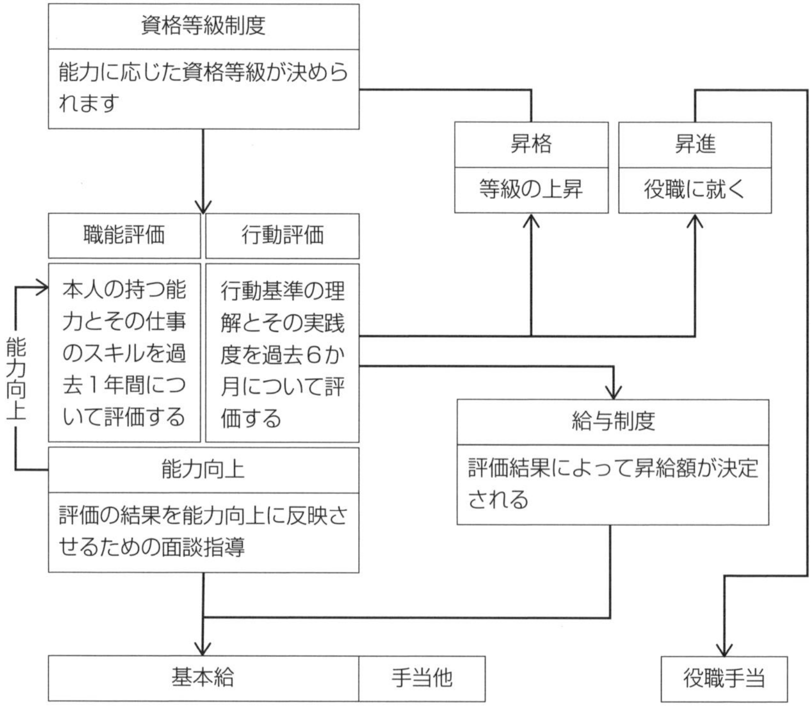

① 賃金制度

賃金制度は各施設の考え方がもっとも強く反映されるために，施設ごとにその制度や仕組みは大きく異なります。したがって，賃金制度の見直しを行う場合でも，実際にはすべて事業所毎個別の対応が必要になります。従って，今回は賃金制度の基本的な考え方とキャリアパス制度を前提にした賃金制度の概論についてお伝えしていきます。

【賃金に関する基本的な考え方】

- 人件費をコントロールする手段としての賃金制度の考え方
- 職員にとっての生活を確保する生活費としての考え方
- 職員をやる気にさせるための機能としての賃金制度の考え方

この3つの考え方をどう融合させるかを検討することが賃金制度を設計するうえで最大のポイントなります。コストとしてだけで賃金を捉えた時に，それがどのような結果につながるのかはご承知の通りと思います。

②　介護業界における賃金制度に関する課題

• ベースアップと昇給の混同による昇給額の一律管理

事業の継続的な業績変動によって，職員の基本給を一律で変動させるものがベースアップです（ベースダウンもあり得る）。一方で，一年単位での業績変動に対する職員の貢献度合で変動するものが昇給ということになります。したがって，昇給は職員各自の評価によって変動するものということになります。しかしながら，いまだに一律的な管理で昇給を行っている介護施設はとても多いのが現実です。

• 賞与支給を月数で固定化（保証化）している

多くの事業が，賞与支給を本給○か月といった決定方式をとっています。この方式は，職員にとっての分かりやすさや計算の簡便さからシンプルで分かりやすいものですが，ご承知のとおり，この考え方には限られた財源での分配という考え方ではありません。また，法人の業績反映による変動や個人の成績による変動という要素は一切考慮されていないものです。今後このような仕組みは減少傾向になっていくもの思われます。

• 中途入職者に対し，前職の給与保証という考え方で採用を行うため，現職者とのアンバランスが多く発生している
• 介護保険発足当時の高い報酬であった時代に入職されたた職員と最近入職された若年層では水準自体が大きく異なっており「中だるみ減少が職員の不満要因につながっている
• 給与制度自体の説明が行われていないことから，職員が給与の仕組みをまったく理解していない。それがモチベーションにも影響している

上記の通り介護業界には多くの課題を抱えた賃金制度が多い為，これからはキャリアパス制度構築を契機に仕組みの見直を検討していくときに来ているのではないかと考えています。

③　再構築の制度設計の方向性

・基本給の考え方

基本給は何で決定されるか。基本給は賃金制度における核であり，これをどのような決め方にするかで賃金制度の骨格が定まるといってよいと思います。基本給には，年齢給，勤続給，職能給（能力給），成果給といった性質の給与で決められているという理解が一般的ですが，今回のキャリアパス導入に伴う性質からは，職能給的な性格で，能力に応じて基本給が決まるという考え方です。

キャリアパスの導入に伴い，基本給は職能給的な要素となり，今後益々この方式が採用され拡大していくものと考えています。

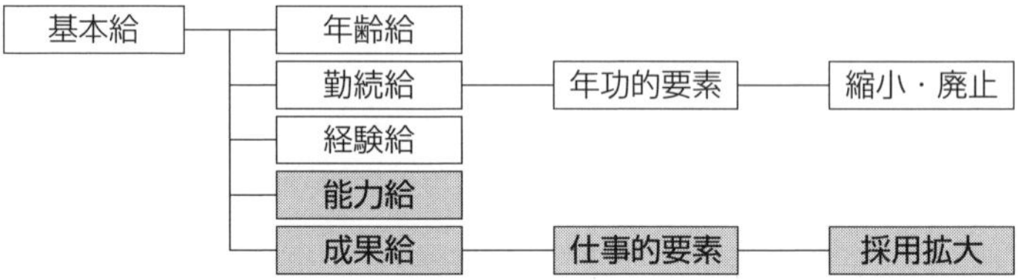

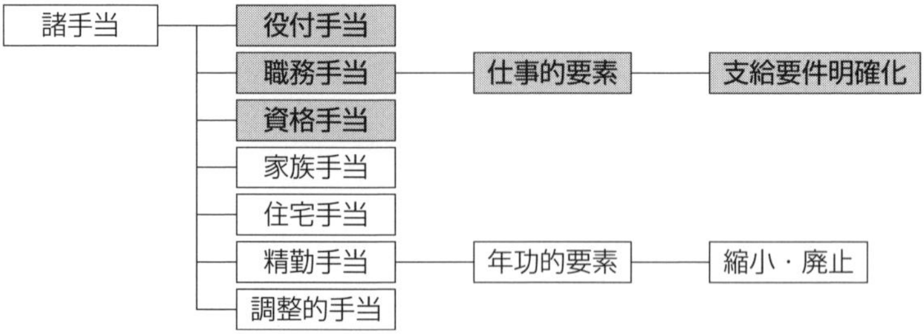

手当も基本給同様で「仕事的要素」の手当に集約されていく方向にあるものと考えます。

④　職能給について

職能給とは職員の職務遂行能力に応じて支給する賃金のことです。つまり職業能力の高い職員には高い賃金を，職業能力の低い職員には低い賃金を，という考え方です。その職務遂行能力を具体化したものが職能資格制度です。職能資格制度に基づき，個々の職員に対して，職能資格（等級）が決められて，職能資格に対応する賃金が支給されることになります。このようにして決められる賃金のことを職能給と呼びます。

⑤　職能給・職能資格制度の功罪

職能給の長所としては，第一に能力開発，自己啓発を推進させるというメリットがあります。職務遂行能力が高まれば給与が上がることになるわけですから，職員の能力向上のモチベーション向上につながります。第２に職員を異動させやすいというメリットがあります。業務は違っても等級に応じた役割は他の職場でも同じ前提ならば，配置転換をしても賃金（基本給）を変える必要はありません。したがって，事業の都合や職員の能力開発に応じて異動させることが可能になります。

他方，短所としては，第一に運用を適切に実施しないと年功的な賃金になる恐れがあるということです。それは，職員個々の職務遂行能力を評価することは難しいからです。第２に職員の担当能力と賃金とのバランスが取れないことがある点です。職員の能力が高まっても，適切な仕事が与えられるとは限らないからです。以上のメリットと課題を理解した上で，職能給・職能資格制度を取り入れていっていただきたいと思います。

⑥　基本給の具体的検討事項

- 等級制度と連動した給与水準（範囲給の設定）

【等級に連動した賃金表の例】

号俸	1等級	2等級	3等級	4等級
号俸間ピッチ	2,000	3,000	4,000	5,000
昇格昇給		5,000	7,000	8,000
1	150,000	159,000	172,000	192,000
2	152,000	162,000	176,000	197,000
3	154,000	165,000	180,000	202,000
4	156,000	168,000	184,000	207,000
5	158,000	171,000	188,000	212,000

【範囲給による賃金テーブルのレンジ表の例】

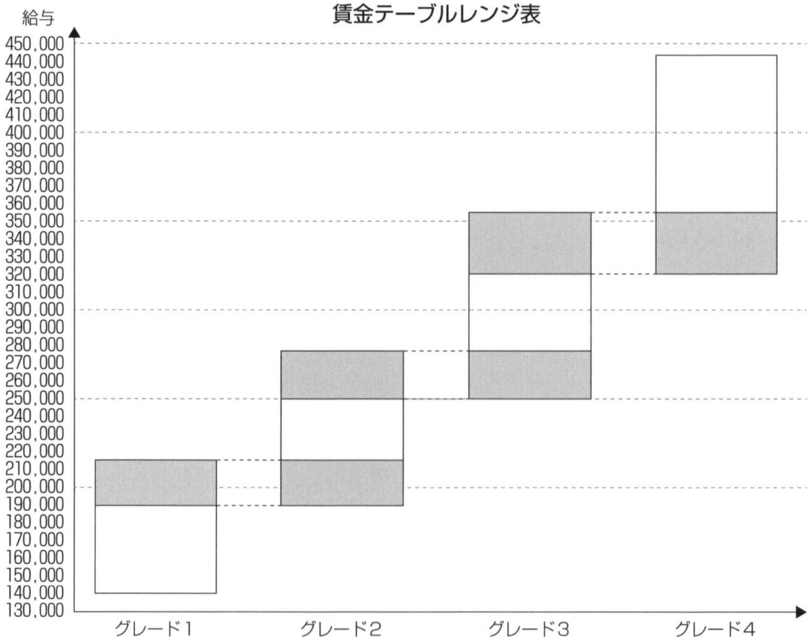

⑦　人事評価結果の反映の方法

職務役割の遂行度，スキルアップの向上・達成度を人事評価で評価し，その結果で毎年の賃金を改定します。下記は等級毎の評価結果に対応する上昇号棒数と金額を示します。

【賃金テーブルと昇給額の連動表の例】

	テーブル					昇給組				
グレード（等級）	A（物理値）	B（上限値）	AB格差	ピッチ	号数	S	A	B	C	D
1	135,200	175,800	40,600	1,400	30	4	3	2	1	0
						5,600	4,200	2,800	1,400	0
2	138,000	180,050	42,050	1,450	30	4	3	2	1	0
						5,800	4,350	2,900	1,450	0
3	140,900	206,900	66,000	1,500	45	4	3	2	1	0
						6,000	4,500	3,000	1,500	0

昇給額は，人事評価の結果により等級ごとに変動する号棒数（ピッチ数）を決めます。上の例では，A評価は３号俸（３ピッチ）UP，B評価は２号棒（２ピッチ）UP，C評価は１号俸（１ピッチ）UPとなっています。

⑧　諸手当の見直し

諸手当はそれなりに目的をもって，特定の条件を満たす職員に対して支給しています。したがってどんな手当であろうと，それなりに理由があるのであって，一概の否定することはできません。そうはいっても，むやみやたらに各種手当をもうけるのも問題です。多くの事業所では，これまで様々な手当を設けてきています。諸手当の多くは，賞与や退職金に反映されないという点で，事業者にとって人件費を抑圧するという面があります。しかし，諸手当の種類があまり多すぎると，賃金が複雑になり分かりにくくなるとともに，手当の重複なども懸念されます。

では，どのような手当が必要でしょうか。一般的には，通勤手当，家族手当，役職手当，所定外手当程度でよいのではないかと考えています。各事業所におかれては，現在支給している手当の目的や背景などをもう一度見直し，精査が必要と考えています。手当の検討ポイントをまとめると下記のようになります。

- 手当の目的・意義の明確化。
- 不要な手当の統廃合。
- 廃止する手当は一旦，調整手当。
- 場合によっては新規採用者から減額や廃止。

以上の視点で，現状の手当を見直してみると課題が見えてくるものと思います。

5 キャリアパスの運用

キャリアパス導入の効果を決めるのは「制度構築」が30%「制度運用」が70%と，よく言われているように，キャリアパスがうまく機能するための最大のポイントは「運用の仕方」ということになります。ここでは，キャリアパスの運用に関してアンケート結果がありますのでご紹介いたします（茨城県社会福祉協議会にて実施）。

【キャリアパスの運用に関するアンケート結果（茨城県社会福祉協議会）】

⑴　貴法人ではキャリアパス制度を導入していますか？

回　答	人数	構成
①　はい	36	33%
②　つくったが，運用していない	17	16%
③　導入予定	15	14%
④　いいえ	33	31%
⑤　NA	7	6%
合　計	108	

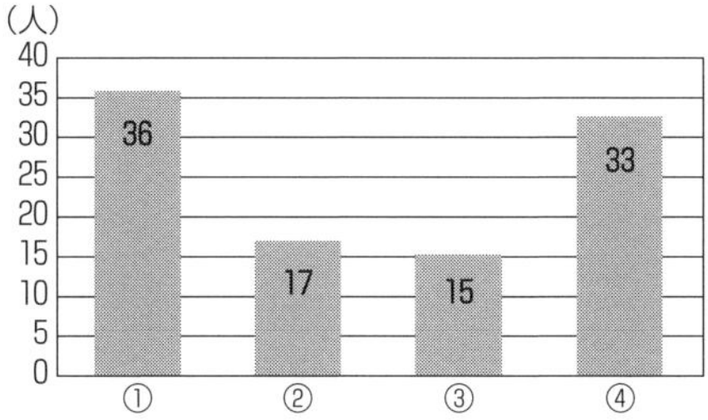

⑴で「いいえ」，「つくったが，運用していない」と答えた方にお聞きします。キャリアパス制度を導入するために課題として感じているところはでこですか？

回　答	人数	構成
①　導入のやり方が分からない	26	37%
②　職員の事務負担が大きい	18	26%
③　キャリアの職位の階層が設定できない	24	34%
④　制度導入を必要としない	2	3%
⑤　その他	0	
合　計	70	

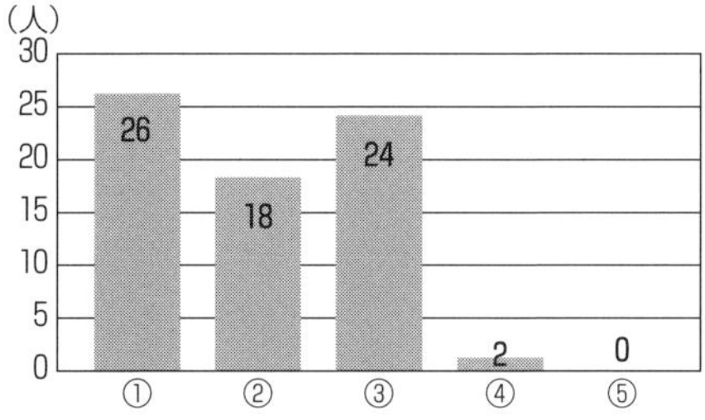

上記の結果に示すように，多くの法人でキャリアパスの運用に関する課題をもっていることが伺われます。運用における課題は事業所によって異なると思われますが，その中でも比較的共通している課題を下記のようにQ&A形式に

てご紹介したいと思います。

Q1 キャリアパスの説明を受けても，実際にどうすれば上位等級に昇格できるのかがよく分からない（職員からの質問で多いもの）。

A1 何をどのように頑張れば，階層を上がっていくことができるのかを決めるのが，キャリアパスの中で最も重要なルールの一つである「任用要件・昇格条件」です。

この任用要件を決定して，職員にオープンにし丁寧に説明することが必要です。なお，任用要件では，次の４つの視点で検討をすすめれば良いと考えています。

① **前等級における最低勤務年数**

「リーダーを最低３年やらないと主任は務まらない」というような発想があると思いますが，このような考え方を昇格の条件として，１級は２年以上，２級は３年以上などのような形で採り入れます。そして各階層の滞留年数を決めます。つまり昇格を考えるときにも，この年数経過が一つの要件になります。

② **資　　格**

それぞれの等級で取得してほしい資格を昇格の条件として用いるという考え方です。

③ **実務経験**

「優秀なケアスタッフだったのに，リーダーにしたらプレッシャーから力を発揮できず，結局もとの立場に戻さざるを得なくなった……」などというミスマッチをなくすために，指導監督職（主任等）になる前に，一般職の間に，一度でも委員会の委員長や行事のリーダー等をつとめた経験がある事などを，昇格条件にするケースもあります。少し大きな事業所では，複数の事業所を経験していないと（異動していないと）管理者になれないというルールもこの類です。

④ 人事評価

人事評価制度を取り入れている事業所では，必ずといっていいほど，その結果を昇格の条件に用いています。「階層に求められる業務ができているか」を評価しているのであれば，その結果を次の段階に進めるか否かの判断基準に加えるというのは，極めて合理的な方法です。

Q2　頑張っている職員を評価してもポストが少なく，昇進と昇給が思ったようにできていない。

A2　例えば，パートさんやヘルパーさんを含めて10人規模の訪問介護事業所や，通所介護（デイサービス）事業所でも十分にキャリアパスは構築できます。

規模が小さい事業所は職責や組織のポジションが少なく，また給与財源が限られているという理由で，キャリアパスを作っても，意味がないとお考えの事業所は多いようです。ただ，社内のポジションで考えてみると，資格等級制度における「昇進」と「昇格」は異なります。「昇進」は確かにポジションが空かなければ上に進むことはできませんが，「昇格」は等級要件がクリアできれば全員昇格するのが，キャリアパスにおける資格等級制度の考え方です。例えば，取得した資格のレベル，勤続年数，人事評価などで，各等級の要件を定め，その昇格要件を決め，給与や時給に連動させれば，立派なキャリアパスです。

また，昇給財源ですが，前述の処遇改善加算金を，財源に充当させることも十分可能ですし，むしろ国もそれを奨励しています。もしかしたら，職員教育に時間をかけられない小規模事業所だからこそ，その仕組みにより自発的に能力を高めるようになるといった，キャリアパス効果は大きいかもしれません。

Q3　現場での仕事が好きで，管理者にはなりたくない（なれない）職員には，キャリアアップの仕組みを適用できない？

A3

キャリアパスは個人の能力・適正に応じて，「指導・監督層」になるコースとは別に「専門職」コースを準備し，専門職のキャリアステップと昇給制度で運用しています。現場では，「優秀な職員ほど役職にはつきたがらない」とか，「知識・技術面で分からないことについて，皆が教えてもらえる職員は決まっており，しかもその職員は役職者ではない」，といった話がよく聞かれます。

そこで考えるべきなのが，キャリアパスにおける「複線化」です。つまり，キャリアパスに描かれた昇格ラインによらずに，役職にはつかずに専ら専門性を高め，組織に貢献するキャリアパスを作ることです。この階層を「専門職」として，上級介護職の水準を超える水準をもって処遇します。

この場合，当該職員はマネジメント業務を行わず，専ら好きな介護の道を追い続けても，相応の処遇が保障されることになります。専門性の高さを認められてこその処遇なので，職員のプライドも充足することができます。

また，優秀な人材を滞留させては離職につながりかねません。中小企業の中には職員が自らポストの数を読んで，諦めムードが漂っているようなケースも散見されますが，「専任職」を設けて，「当法人は，管理上の役職だけがポストではない。専任職というスキル面のリーダーもあり，相応に処遇する」と周知すれば閉塞感が一気に変わるはずです。

下記に専門職群の役割と業務の参考例を示します。

【専門職群の役割と業務の参考例】

（専門職群）

専門指導職	部門長のもと，部門の方針にのっとり，チームの方針策定や職務割当における担当責任分野を持ち，広範かつ高度な専門分野の知識・技術を用いて信頼性の高い業務を遂行する。	・業務の流れのを完全に把握し，現場業務のスペシャリストとして中心的な役割を担う。 ・一般職に対して，責任をもって行う。
専門職	主任のもと，高度な専門分野における担当責任分野を持ち，広範かつ高度な専門分野の知識・技術を用いて信頼性の高い業務を遂行する。	・実務に関する高度な知識と経験をもとに，応用的な判断を要する職務を行う。 ・業務改善や問題解決を提案し実行する。

Q4　人事評価の項目は「一般的」「抽象的」な評価項目が多いため，評価が難しく，どうしても評価者の主観で評価してしまい，職員の納得が得られない。

A4　評価項目を具体的な「行動表現」にすることで，評価がより客観的になり，また職員の課題を具体的に指導できます。

評価することは非常に難しく，評価者訓練を受けないと評価は出来ないと言われています。しかしそれは，評価項目が抽象的で何を評価すればいいのか分からないという原因が考えられます。

評価を行う難しさには，①人によって評価が変わる，②評価項目が不明確なので評価する人も，される人も分かりにくい，さらに③誤評価の原因（ハロー効果，偏り傾向，寛大化など）評価するということに困難さが付きまとっています。

例えば「協調性」という表現で終わってしまう評価項目の場合，何が協調性なのか評価者が判断しなければなりません。抽象的な表現は職員をいろいろな視点から評価できることになり有用ですが，評価の公平性や客観性からみるとかなり深い問題が含まれています。具体的な行動表現にすることで，だれでも同じ理解とすることが大切です。

【具体的行動表現の実例】

評価項目：「感謝の気持ちをもってご利用者，職員に接する」

を具体的な評価項目にした場合に，例えば下記のような例となります。

例1：ご利用者や職場の仲間に感謝の気持ちで接することが出来，「○○さんのおかげです」や「ありがとう」が素直に笑顔で言える。

例2：ご家族様や見学，来訪者の目を見て，笑顔でお名前を添えて「ありがとうございます」と伝えている。

例3：他部署等の協力や理解があって自分が仕事ができる事に感謝して，相手の状態を配慮し，「お手伝いしましょうか」「何か私にできる事はないですか」と声掛けしている。

Q5　何をどうすれば，良い評価が得られるのかが，分からないので，評価自体が評価のための評価になり，マンネリになっている。

A5　「何をどうすれば，いい評価が得られるのか」。被評価者からすれば当然知りたい内容ですし，それが法人の求めている職員像につながることになるわけです。

ところが，評価者側の都合で，もしくは評価者側の裁量の幅をできるだけ大きくできることを目的に，評価項目を抽象的な表現にしたり，評価点のつけ方などがブラックボックスにしているケースがあります。この場合，「求められる職員像」が明確にはならないので，目標自体に具体性が欠けることになります。

弊社が推奨する職能評価や行動評価は，事前に評価される内容が具体的に分かっているだけではなく，点数のつけ方もオープンにしているので，透明性が担保されるだけでなく，各職員においては自己成長の実感が可能になります。評価制度が本当の意味で職員を育てるための制度にするには，次に述べる視点がとても大切になります。

① 組織全体のレベルアップを図ることを目的とする。

評価によって優秀な職員を発見することも大切ですが，それよりも先に行わなければならないことは，普通の職員の能力を高めることによって組織全体のサービスの質を上げることなのです。一人の優秀な職員のヤル気を高めるよりも，多くを占める普通の職員のヤル気を高めることの方が大切であることを理解してください。

② 部署別，職種別，そして等級別に「期待される職員の努力」を具体的に明記する。

③ はじめから「どんな努力をすれば良い評価（ＳまたはＡ評価）になるか」を明示しておく。この内容が「期待される職員像」となり，全ての職員に，期の初めから「こんな努力をしてほしい」と明示する。

評価は学校で行われるような試験や通信簿ではありません。学校の教育では，教科書に基づいて教えていき，期末または年度末に試験をして結果だけを測定し，評価すればいいのですが，職場ではそうではなく，どんな問題を出すのか（つまりどんな行動を期待しているのか）を初めに明確にしておいて，出来るだけ多くの職員が優秀な成績，つまり５段階評価ならＳ評価やＡ評価を取ってもらうようにすることが必要なのです。

その場合，必ず意見として聞こえてくるのが，「良い評価が増えれば，人件費が増加してしまうのでは？」という懸念です。もちろん，評価結果を反映させる処遇の財源（例えば，処遇改善加算）は確保しておきながら，その財源の限度内で分配を行う管理手法は必要になってきます。

Q6

評価はするも，結果をフィードバックしていないので，職員は何がどう評価されたか分からない。

A6

評価フィードバックを年２回実施し，さらに個別面談（毎月）にて課題解決のフォローを行っています。

人事評価でもっとも大切なキーワードは何でしょうか。それは「透明性」と「納得感」です。透明性とは，人事評価でいえば，どういう評価項目で，だれがどのようなプロセスで評価をしているのかが明確であることです。また「納得感」とは，なぜその評価結果になったのか被評価者が理解し，納得することです。しかしながらこの納得感が生まれるのはそう簡単にはいきません。なぜなら多くの職員は，自分は一所懸命仕事をし，それなりに仕事で貢献していると思っているからです。しかしながら，上司の評価がそのようなものでない場合には，だれしも心穏やかでは，いられないはずです。半ばあきらめて，表面的に納得したフリをしている場合も多いのではないでしょうか。

それでは納得感を醸成するにはどうすればいいのか。まず，絶対に必要なのが，フィードバック面談です。面談では，自己評価と上司評価が明らかに違っている項目に着目し，その評価にした根拠を具体的に話し合うことで，お互いの視点や期待レベルを知ることができ，初めて「納得感」が醸成されてくるものです。

Q7

処遇改善加算の給付は，全員一律，一定割合で一時金として支給しているが，職員のモチベーションにはつながっていない。

A7

全員一律ではなく，評価結果の処遇反映に対する財源としたり，「採用」「定着」に貢献出来るような各種手当を工夫することで，モチベーションを高めています。

【処遇改善加算金の支給方法実例】

① 賞与・昇給の支給額決定に際し評価結果を反映させる財源として，処遇改善加算の一部を充当している。
② 住宅手当に活用。アパート暮らしの人は可処分所得が少ないので，処遇改善を財源に月額５万円に引き上げる（採用効果）。
③ キャリア加算手当を新設。キャリアアップのモチベーションに活用。
④ リーダー，管理者手当の増額。負担が増える管理者に報いるために活用。
⑤ 「シングルマザー手当」の新設。シングルマザーの生活を支援する手当新設。

Q８　評価者であるリーダーや管理者が，評価や面談に不安感を感じ，職場での実践ができない。

A８　評価者研修やフィードバック面談研修を受講し，方法論を学び実践で活用しています。

人事評価を行うことは，上司にとってかなりの負担で，ましてやその結果を部下に説明するフィードバック面談等は大変重荷，などと言うご意見は，評価者の方々からよく伺います。ただ，それは，「評価」という言葉の印象にとらわれている結果であって，実際には評価の仕方を具体的に理解していないがゆえに誤解されているケースがとても多いのです。

評価者として「やるべきこと」と「やってはいけないこと」を理解し，それを実践すれば，だれでも評価を行うことができます。

Q9 キャリアパス・評価制度を作っても，総務担当が変わったことで，継続性がなくなってしまった。

A9 「キャリアパス規定」もしくは「人事評価規定」として，社内規定として文書化したり，また全職員へのキャリアパスの「見える化」にも工夫をしています。

社内規定の一つとして「人事評価規定」を文書化されることをお勧めしています。「評価制度が，いつの間にか運用しなくなってしまった」などということが無いように，キャリアパスや人事評価の運用は，社内監査等の対象として定期的にその運用が適切になされているかどうかチェックされなければなりません。つまり法人のガバナンス機能として，運用を継続していくためにも，それが文書化されルールに従った運用がなされているかが確認されなくてはなりません。下記の文書化の事例（抜粋）をご紹介いたします。

1　規程趣旨

この規程は，法人職員に対するキャリアパスの実施を通じて職員の資質向上を図り，もって人事管理の適正化，組織の活性化，地域貢献に資することを目的とする。

2　キャリアパスの定義

この規程においてキャリアパスとは，法人が職員に対し職業人として必要な能力と処遇について具体的な内容を職能等級，職位，職層，求められる能力を示すことにより，職員が自らの目標を設定し努力するための道筋を示したものと定義する。

3　キャリアパスの意義

キャリアパスを整備する意義は，法人が人材育成を何よりも重要であると認識し，働く人の成長を願い目標を設定し努力を重ねることができる環境整備の一つとすることにある。運用にあたって，資格等級制度，人事評価制度，研修制度との連動を図ることによりキャリアパスを法人経営の重要なツールとして定着させる。これにより，職員が自らの将来像を描きながら日々の業務に邁進できる環境を実現させる。

4　主管部門・担当部門・監査部門

キャリアパスを実施するにあたり，以下の通り，主管部門・担当部門・監査部門を定める。

- 主管部門　法人本部に「法人本部キャリアパス運営委員会」を組織する。
- 担当部門　各事業所に，事業所責任者を中心とした「〇〇事業所キャリアパス運営委員会」を組織する。
- 監査部門　「キャリアパス制度運営監査委員会」を第三者委員会として組織する。委員会は，人事考課制度等に専門知識を有した者，被評価者代表，評価者代表，法人本部代表者などから構成する。

また，キャリアパスの「見える化」ですが，本来の「見える化」とは「問題点の可視化」という意味ですが，ここでは「理解を深めるためのビジュアル表現」という意味で使用しています。

つまり，キャリアパスをより分かりやすく表現することで，求職者に対してアピールできるほか，在職している職員のモチベーションを高める効果もあります。さらに言うと，「退職したくなったが，少し我慢すれば次のステップに進めるので，もう少しだけ辛抱しよう」という，離職防止効果までを期待できます。

6 評価者の育成・指導

キャリアパスの中で最も重要といえる「人事評価」。評価の運用におけるキーポイントとなるのが評価者の教育です。そもそも評価は何のために行うのか，評価を行う意義や目的はいったい何なのか，評価者がしっかりと認識したうえで評価スキルを高めていく必要があります。しかし現実には，評価者も，多くの方は評価すること自体初めての方が多い上に，日常は現業でかなり多忙でもあり，なかなか評価について時間が作れないという状況が実態のようです。

【図表1】

規模	評価による問題点がある企業	問題点の内訳				
		評価システムに対して労働者の納得が得られない	評価結果に対する本人の納得が得られない	評価によって意欲の低下を抱く	職場の雰囲気が悪化する	個人業績を重視するため，グループやチームの作業に支障が出る
全産業計	50.5%	14.4%	19.1%	20.9%	5.4%	11.6%
1,000人以上	56.5%	20.6%	33.2%	19.7%	1.6%	9.2%
300～999人	61.0%	19.9%	32.2%	22.5%	3.1%	9.9%
100～299人	52.4%	16.1%	19.2%	24.4%	4.8%	11.2%
30～99人	47.7%	12.5%	16.3%	19.3%	6.2%	12.2%

【図表2】

規模	課題・問題点があり，対処を行った企業	問題点の内訳（複数回答）				
		評価者研究を実施している	評価マニュアルを作成している	相対評価を取り入れている	評価結果を本人に通知している	能力や勤務態度などの評価ウエイトを大きくしている	グループやチームの成果・業績を反映している
全産業計	73.3%	28.1%	39.8%	25.9%	46.1%	35.1%	20.9%
1,000人以上	86.6%	58.5%	64.8%	38.2%	58.3%	20.5%	25.8%
300～999人	84.3%	44.5%	51.2%	33.1%	56.5%	23.4%	20.4%
100～299人	79.7%	32.6%	43.9%	23.5%	48.4%	28.0%	16.3%
30～99人	68.1%	20.6%	33.8%	24.8%	42.0%	41.9%	23.0%

また，厚労省が以前，調べた「人事評価の問題点」のデータ（**【図表１】**，**【図表２】**）によれば，規模の大小を問わず各社ともに現実の問題点を抱えながら人事評価を行っており，またそれに対していろいろな対策をとりながら推進していることが分かります。

一方で被評価者はどの様に感じているのか。被評価者にヒアリングを行ってみると次のことが分かりました。

①　人事評価のイメージ

- 能力とか実力とかで評価するイメージより，その人が好きか，嫌いかで評価しているイメージが強い。
- 結果が不透明。
- 自己評価など意味がなく，上司判断のみでされているイメージ。

②　人事評価に対する疑問

- 自分から見て明らかに問題ある職員なのに昇格するのが分からない。
- 何が，どうなったら昇格するのか分からない。
- 自己評価の持つ意味が不明。

③　人事評価に対する期待・希望

- 具体的に何をすれば評価があがるのか，何が悪くて評価が下がったとかに十分な説明があればやる気があがると思います。
- 本人が思っている評価と違った場合に，何をどうすれば良くなるというはっきりした話があれば良いと思う。

また，新任の管理者（評価者）にヒアリングを行ってみると次の点で「難しいと感じている」方がとても多いと思います。

- フィードバックをどこまで説明してあげればいいのか判断に迷うことがある。
- 初めてなのですべてが難しい。特に日ごろ文句ばかり言ってくる人に対して，公平な評価が出来るか自信ありません。

- 職員の能力や仕事ぶりや成果について会社が判断して最終評価を行っている。なので結果を本人に伝えるのが難しいときがある。
- 被評価者に対する先入観を持ってしまう為，冷静に分析し評価しなければならない。
- 日常の業務を細かく観察しながら公平な評価ができるように心がけたいと思います。
- 初めて面談を行いましたが，どのように話を持って行っていいのかよく分かりません。

一方で，人事評価をうまく活用し，評価者，被評価者の双方ともに日常の業務として評価に取組まれている法人もあります。その違いはいったい何なのでしょうか。私は「評価者への教育・指導」にその大きな要因があるものと考えています。

1 評価者への教育・指導における３つのポイント

1 評価の目的を理解しているか

冒頭でも述べたとおり，管理者の日常は概ね多忙な状況です。そんな状況において，評価が「やらされている」感でやっているだけで，単なる作業になってしまっていては，決して良い評価にはならないはずです。

そうならない為にも，「何のために評価を行っているのか」という意識を明確にもちながら行っていくことはとても重要なことです。評価者や被評価者にそれを聞いてみると，その答えとして，よく聞かれるのが給与や賞与を決めるため，というものです。評価が良い人とそうではない人では，確かに給与には少なからず影響を与えます。しかし，それは結果であって目的ではないはずです。目的を何に置くのか，それによって，評価すべき内容（評価項目）も変わります。目的を職員の処遇や職員の選別に置く場合の評価は，あえて答えられないような質問をしたり，現場ではあまり知らないような奇問のような評価になるかもしれません。

一方で，評価の目的を「職員の育成」と考えたなら職員の成長につながるような評価項目が中心になるはずです。そこには業務遂行上のスキルアップだけでなく，一人の人間として成長も期待できような評価制度や面談制度にする必要があるでしょう。そして何より，評価する側も評価される側も前向きにそれを捉えて推進して行くことが期待できます。このことは，最初は多くの評価者が認識して評価を始めるものの，しばらく時間が経過すると忘れてしまい，目の前のことが業務の中心になってしまいがちなので，施設長などの上位職者は，評価の目的意識を促し目的に沿った行動を指導していく必要があります。

2　評価へのパワーバランスがポイント

評価のパワーバランス，つまり年間の評価スケジュールにおいて「力のかけ方」についてです。評価のステップとして多くの場合，下記のようになっているのではないでしょうか。

第１ステップ：目標設定⇒第２ステップ：評価期間の観察⇒第３ステップ：評価する（評点），この３つのステップがある場合，どのステップにどれくらいのパワーをかけているのかがとても重要になります。多くの場合，圧倒的にパワーをかけるのは，第３ステップの評価（評点）ではないでしょうか。決められたスケジュールから，上位職からの指示で○月●日までに点数をつけて提出しなければならない，ということになって始めて評価（評点）をつけ始め，数日間で評価を終え提出するというパターンです。この場合のパワーのかけ方をイメージで言えば，第１ステップ20%，第２ステップ０%，第３ステップ80%程度でしょうか。問題は，もっとも大切な観察期間に，ほとんど評価のことは忘れている状況で，いきなり第３ステップで必死に日ごろの業務を思い出し，評点にパワーと時間をかけるという状態です。

このようなやり方では，被評価者はフィードバックを受けても納得できる説明ができるでしょうか。普段の業務をしっかり観て，その事実を評価することで，被評価者に納得が生まれるものです。理想のパワーバランスは，ステップごとのイメージで言えば，第１ステップ20％，第２ステップ50，第３ステップ30％ぐらいだと思います。このことは，分かっていても，なかなか日頃の職場で実践出来できていない状況ではないかと思います。日常は，目の前に迫った業務で目いっぱいという状況の中で，どうすればできるようになるのでしょうか。

そこで必要なのは，観察期間を途中でチェックする仕組みではないかと思います。多忙な現場の中では，「日頃の評価をしっかりやりなさい」とか「評価するつもりがあるのか」と上位職が叱咤激励しても，それは精神論で終わってしまうことが多いものと思います。それを補う仕組みとして，行っているか，いないかを，こまめにチェックする仕組みを導入する，つまりやらざるを得ない状況に置く事が必要なのです。どのような仕組みならば定着するのか。これには職場ごとで，いろいろな方法があるものと思いますので，各職場で現実的な方法を考えて頂きたいと思います。今まで見てきた事例の多くは定期面談の実施です。毎月，隔月，３カ月に一度……いろいろなパターンがありますが，大切なことは，仕組にして内容を提出させることです。もちろん最も大切なことは，面談の中身であることは当然ですが，中身を充実させる前にまずは，「形」を創ること。そしてそれを定期的に行う習慣が出来れば，自然と中身も充実してきます。最初は抵抗感が大きくても，徐々に浸透していっているように多くの施設を見ていて感じます。

今まで評価を行っていなかった施設は，従来と比べると管理者に負荷がかかってくることはやむをえません。ただ，同じ負荷をかけるなら，目的にあった方法で貴重な時間とパワーをかけながら行っていくことがとても大切なことなのではないかと思います。

3　評価者スキルを学ぶ

評価者自体は日常的な業務ではないので，スキルといってもなかなか習慣にするのは難しいことです。そこには，評価スキルといった評価のコツを評価者は身につけて置く必要があります。まず，知っておいてほしい評価者の心構えと留意点についてお伝えしたいと思います。評価をするにもぜひ知っておかなければならない基本的なルールや，自ら気を付けなくてはならない「評価者のクセ（エラー）」などがあります。それらを知識として知ったうえで実際の評価を行うのと，全く知らないで評価を行う場合とでは，結果に大きな差が生じますので，事前に評価者研修などを受講いただいた上で，評価に入っていただきたいと思います。

①　評価者の心構え

評価スキルを学ぶ前に，大前提として評価者に持っていただきたい「心構え」についてお伝えいたします。

(1)　人事評価の制度内容，仕組を十分に理解していること。

(2)　部下の育成が最大の目的であることを理解していること。

部下の昇給や昇格を念頭に置いた評価をしないこと。

(3)　部下と面談（コミュニケーション）の機会を多くもつこと。

部下に対して期待していることを明示すること。

(4)　人物評価でなく，事実に基づいて評価すること。

部下の行動を観察し，事実を記録すること。

(5)　管理者として自らのマネジメント能力を磨くこと。

部下の能力を的確に把握し，職務（等級）にふさわしい仕事を与え，情報を提供し，指示・命令を出し，権限を委譲し，適切な支援を行うこと。

②　「評価エラー」に関する留意点

次の項目は評価者がよくやってしまう「評価エラー」と言われるもので，まずはそのパターンをご紹介するとともにその対応策も含めてお伝えいたします。

(1) 「ハロー効果」に注意する（先入観や印象で評価しない）

(i) 全体的印象ハロー効果

部下の人物・行動の全体から受ける印象や，いったん自分の頭の中で作り上げてしまった部下の全体評価を先入観として持ってしまい，この全体的印象が強いため，無意識の内に，部分部分の特性の評価を歪めてしまうこと。

(ii) 部分的印象ハロー効果

部下の何か一つまたはいくつかの特性に際立って優れた点があり，これに対して「優秀である」「高度である」と強い印象を持ってしまうと，他に劣っている特性があっても，全体として「優秀」「高度」であると歪んだ評価をしてしまう傾向（例えば売上成績が良いと販売促進企画も開拓力もクレーム処理もすべて良いと判断してしまう場合等）。

(iii) 対　応　策

- 考課項目一つ一つの意味を正確に理解し，項目ごとに事実情報・記録を確認しながら評価する。
- 全体的印象や部分的印象にとらわれていないかを絶えず自問自答しつつ，部下を分析的に様々な角度から観察し，評価するように努めること。

(2) 「寛大化傾向」に注意する

いわゆる，評価が相対的に「甘く」なってしまう傾向です。

(i) このエラーが起こりやすいケース

- 日頃一緒に仕事をしている部下に対して，「厳しい評価をして恨まれたくない」「次に厳しい仕事の指示がしづらくなる」「評価について，部下から文句をつけられたら煩わしい，説明できない」「部下に良い顔を見せておきたい」などの気持ちが働く場合。
- 日頃から公私にわたって親しく付き合っている部下，特に仕事上で頼りにしている部下，自分が理解できない難しそうな仕事をしている部下を評価する場合。

- 部下が昇進・昇格の候補年次に近づいて来た時，上司として「何とかあの人を昇進させたい」という思いにとらわれた場合。
- 自分の職場の部下を他の職場の者より「賞与を多くしたい」「早く昇格させたい」などの競争意識が働く場合。

(ii)　対　応　策

- 部下それぞれに期待されるレベルに相応しい目標・課題を与える（職務基準や職能要件等がある場合，期待基準に照らして評価する）。
- 曖昧な印象や思惑を排して，考課項目ごとに，観察・記録した具体的事実に基づいて評価する姿勢に徹すること。
- 人事考課の重要な目的の一つが，部下の問題点を正しく捉え，これを指導・育成に結びつけるための情報収集の手段であるという認識を深めること。

(3)　「中心化傾向」に注意する

(i)　部下全体の評価結果が評価段階の中央部分に偏ったり，部下個人の各考課項目の評価がＢ評価ばかりになってしまい，優劣の差が少ない評価となることを中心化傾向という。下記のような場合に起こりやすいエラーです。

- 考課者が自分の評価に自信がない場合。
- 考課結果に差をつけることをためらう（意識的・無意識的に）。
- 厳しい評価は，部下の反発にあうのではないかと考える。
- 被考課者に直接指示を出しているわけではないので，よく分からない。

(ii)　対　応　策

- 部下の日常の仕事振り・行動・発言などをなるべく具体的に観察・記録し考課項目の選択時に迷わないように整理しておくこと。
- 部下を指導・育成することが管理者の重要な役割であり，そのためには部下の強み・弱みを公正に把握・評価することが前提となることを認識。
- 評価に迷いがある場合は考課者間ですり合わせを行い基準を共有化す

ること。

- 他のメンバーの監督下にある場合は，監督者から逐次報告を受けること。

⑷ 「厳格化傾向」に注意する

(i) 被考課者に対する感情がマイナスに作用する傾向であり，日頃の思いが辛い評価として表れる。厳格化傾向が働くのは，日頃管理者が特定の部下の態度や素行に否定的な感情を抱いている場合に発生しやすい。

(ii) 対　応　策

- 被考課者に対する感情や先入観は人事考課の公正さを失わせる事を認識する。
- 被考課者の成果，仕事を具体的に記録し，事実に基づいた評価を行う。
- 全体的な印象評価は行わず，考課要素毎に分析的な評価を行う。
- 辛い評価は，部下のモチベーションを低下させる場合があることを認識する。

⑸ 自己投影型・対比誤差（自分と比較して考える傾向）に注意する

(i) 考課者が部下の中に自分との類似性や非類似性を発見し，自分自身を評価の基準としてしまうこと。

人間は，一般的に他人が自分と同じような行動や意見や価値観をもっていると，その人に好意を抱く傾向があります。このため，部下が自分に似ている行動や，意見を言ったりすると，自分と価値基準が合っていると感じ，その人を優れていると高く評価し，反対に行動・意見・価値観が異なっていると低く評価しがちです。

また，自分に自信のある得意分野や高い専門性を有する分野に関しては，自分と比較して，相手を厳しく評価し，逆に自信の無い分野の場合は評価が甘くなる傾向にあります。

(ii) 対　応　策

- 部下の現在の等級段階の職員だと，会社は標準的にどの程度の仕事や能力を期待しているのだろうかということを強く意識する。そして，管理者としてそれに相応しいレベルの期待をし，指示した仕事の内容やそのレベル，行動，能力を明確にする。自分のレベルと比較しないで，あくまで標準レベルに対して評価する。

• 人の考え方や行動パターンは一見同じように見えても，よく観察すると実は一つ一つは異なっていることを十分理解し，事実だけを客観的に評価するように心がける。

(6)　論理的誤差（項目を関連付ける傾向）に注意する

(i)　考課を行う際，考課基準表にそって各項目を順番に評価していくと，前に評価した項目との相互間に論理的な関係があると思い込んでしまい，関係ある前の項目と同じ評価でないと論理的におかしいと考えてしまう評価傾向。

○さんの理解力はＢで，判断力はＳとなっているが，よく考えると理解力が低いのに，判断力が高くなるはずが無いと思い直して○さんの判断力の評価をＳからＢに変えてしまい，同様に他の部下の評価も変更してしまうようなケース。

(ii)　対　応　策

• 考課項目は一つ一つ独立したものだと考え，観察・記録した内容を一つの事実として素直に評価する態度で臨み，理屈を考えすぎない。
• 人の行動面とその結果は必ずしも一致するとは限らないことを理解する（まじめな勤務態度の部下が高い業績を上げるとは限らない）。
• 評価終了後，改めて部下全員の評価結果を点検し，多くの部下の特定の考課項目の相互間に同じ評価をする傾向が生じていないか自己チェックしてみる。

③　その他の留意点

(1)　評価対象期間外に生じた事実は考慮しない

「以前こうだったから，今もこうだ」という見方はしないこと。

⑵　職務外の行動は考慮しない

私生活上の問題や職務行動を離れた個人的なつきあいなどを評価しないこと。

⑶　短絡的な結びつけをしない

評価者の頭の中で，一見論理的に関係ある事柄を短絡的に結びつけがちであるが，事実は個々に見ること。例えば，「勤続が長いから熟練度が高いはずだ」というような見方は避ける。

⑷　属人的な要素は考慮しない

勤続年数，経験年数，年齢，男女，学歴等は一切考慮しない。

⑸　逆算化傾向を避ける

予め評価点（結果）を想定して，そうなるように部下を評価しない。人事評価は全て事実に基づいた結果・能力の発揮度を評価する。

⑹　時間と心にゆとりを持つ

十分な時間的余裕を持って，心身共にゆとりのある状態のもとで集中的に行う。評価中に別の用事をしたり，他人と話し合ったりすると評価がブレルもととなります。

おわりに～今，社会保険労務士に期待されていること～

これからの介護業界は今まで以上に大きな変化を訪れようとしています。現場ではデータに基づいたアウトプットが求められる「科学的介護」という潮流，介護保険の税制問題に発する利用者負担の増加や事業所に求められる「経営合理化」など，どれも介護事業者が直面する課題です。

そして何と言っても最大の課題は「人財」の確保ということになります。人材の確保対策は，「労務管理」の問題とは切っても切れない関係にあります。採用から雇用，福利厚生，給与，退職に至るすべての部分で法の知識が必要になってきます。各事業所の事務スタッフや役職者は，労務管理を熟知しておくことがベストですが，現実は目の前の業務に追われ，なかなか対応できないことも多いのではないでしょうか。

そこで頼りにしていただきたいのが，労務のプロである「社会保険労務士」です。社会保険労務士事務所とすでに顧問契約を結んでいる事業所も多いとは思いますが，社労士事務所との関わりは，社会保険や給与計算の仕事をするだけでなく，スタッフとのトラブルを未然に防いだり，初期解決をしたりすることは，人材確保・定着において必須事項だといえます。安易な判断で大きくなってしまった労務トラブルは，下手をすると訴訟にまで発展するなど，経営陣に心的にも時間的にも多大な影響が生じてしまいます。それらを防止するためにも，我々専門家の支援が必要です。

また，政府方針である「働き方改革」への対応支援，特に「同一労働・同一賃金」に対しては，常勤職員と非常勤職員の人事制度や賃金制度の整備が問われています。非常勤職員も重要な戦力となっている介護業界であるにも関わらず，非常勤職員の人事制度・賃金制度については，まだまだ多くの課題を抱えているのが実態です。今後，我々社労士は，その職域を拡大し，人事・労務管理のコンプライアンス遵守へのサポートと「風土づくり」につながる雇用施策を通じた「魅力ある職場づくり」へのサポートの双方をバランスよく支援する「経営パートナー」としての役割を期待されているのです。

【参考】 介護業界を取り巻く環境と用語の解説

要介護度別認定者数の推移

要介護（要支援）の認定者数は，平成31年４月現在644万人で，この18年間で約3.0倍に。このうち軽度の認定者数の増が大きい。また，近年，増加のペースが再び拡大。

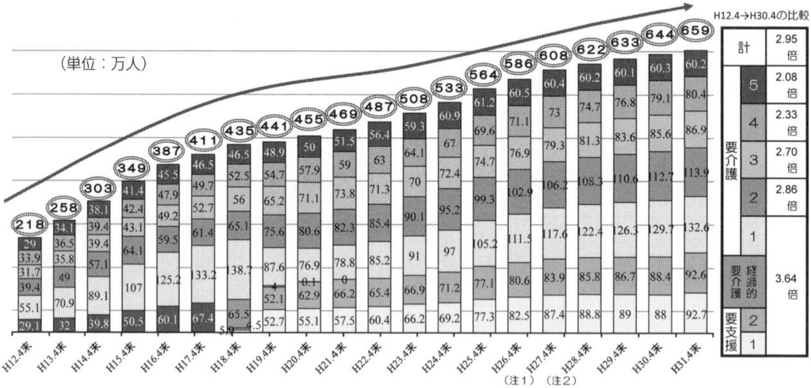

■要支援 □要支援１ ■要支援２ ■経過的 □要介護１ ■要介護２ □要介護３ ■要介護４ ■要介護５

（注１） 陸前高田市，大槌町，女川町，桑折町，広野町，楢葉町，富岡町，川内村，大熊町，双葉町，浪江町は含まれていない。

（注２） 楢葉町，富岡町，大熊町は含まれていない。

（出典） 介護保険事業状況報告

要支援１	食事や排泄はほとんど自分でできるが，掃除などの身の回りの世話の一部に介助が必要。
要支援２	要支援１の状態から日常生活動作の能力が低下し，何らかの支援又は部分的な介護が必要となる状態。
要介護１	食事や排泄はほとんど自分でできるが，身の回りの世話に何らかの介助が必要。立ち上がり等に支えが必要。
要介護２	食事や排泄に介助が必要なことがあり，身の回りの世話全般に介助が必要。立ち上がりや歩行に支えが必要。
要介護３	排泄や身の回りの世話，立ち上がり等が自分でできない。歩行が自分でできないことがある。
要介護４	排泄や身の回りの世話，立ち上がり等がほとんどできない。歩行が自分でできない。問題行動や全般的な理解の低下がみられることがある。
要介護５	食事や排泄，身の回りの世話，立ち上がりや歩行等がほとんどできない。問題行動や全般的理解の低下がみられることがある。

介護費用と保険料の推移

○　総費用

介護保険の総費用（※）は，年々増加

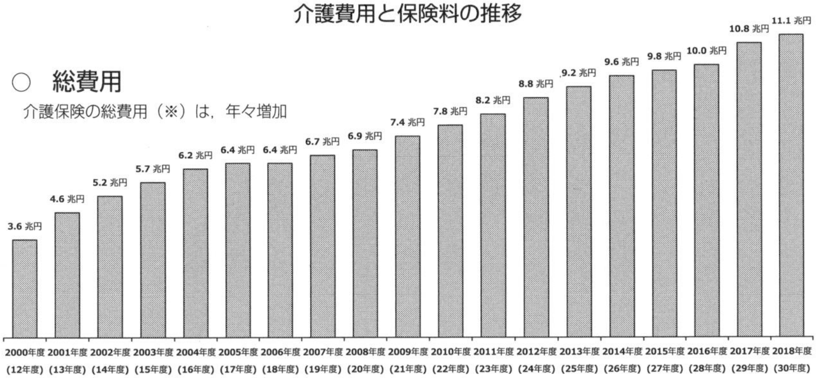

（注）2000～2016度は実績、2017～2018年度は当初予算である。　※介護保険に係る事務コストや人件費などは含まない（地方交付税により措置されている）。

○　65歳以上が支払う保険料

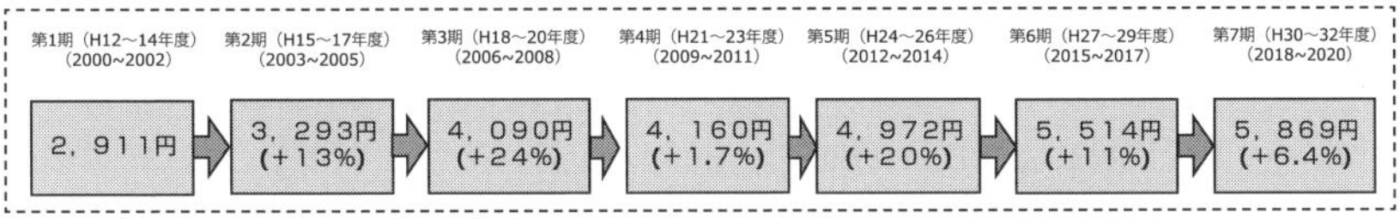

介護保険の財源構成と規模

（令和２年度予算案　介護給付費：11.5兆円　総費用ベース：12.4兆円）

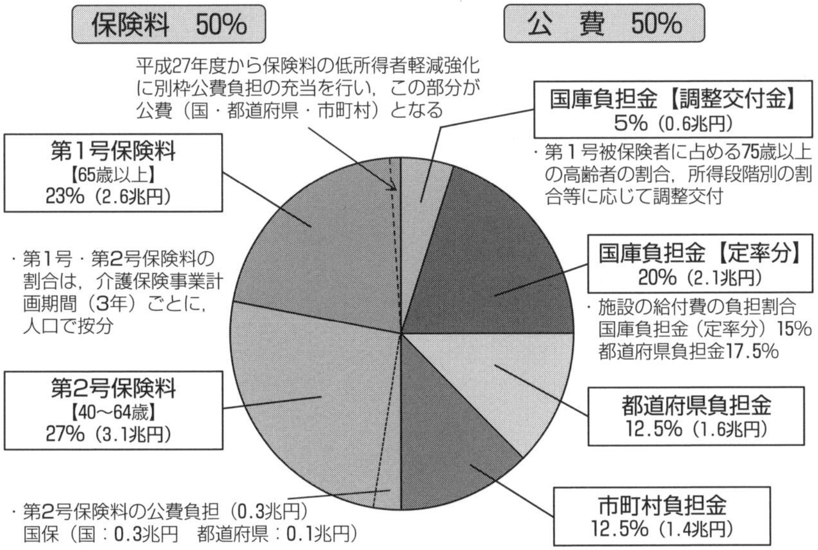

※　数値は端数処理をしているため，合計が一致しない場合がある。

総費用等における提供サービスの内訳（平成30年度）割合

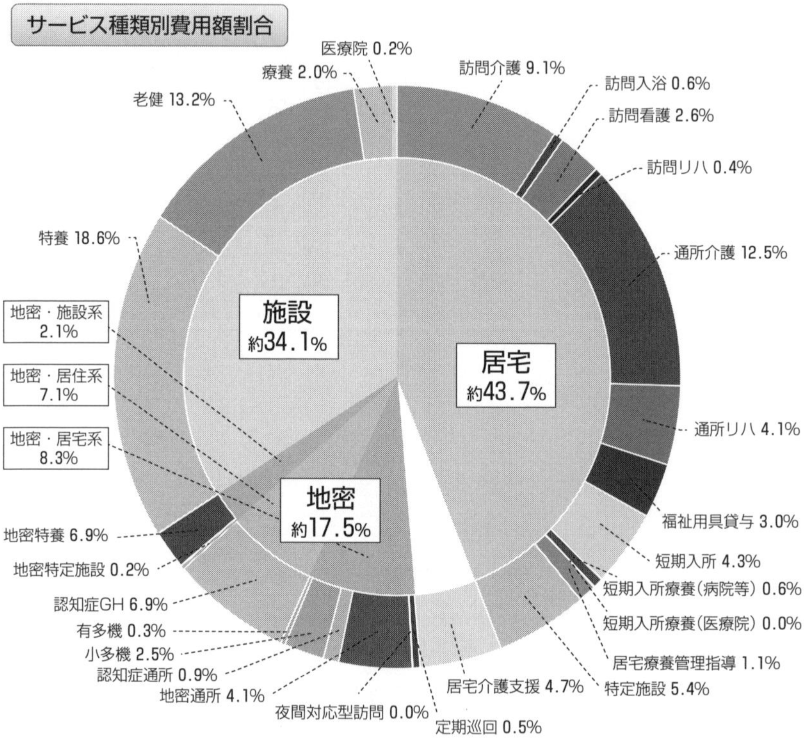

（出典） 厚生労働省「平成年度介護給付費等実態調査」

（注１） 介護予防サービスを含まない。

（注２） 特定入所者介護サービス（補足給付），地域支援事業に係る費用は含まない。また，市区町村が直接支払う費用（福祉用具購入費，住宅改修費など）は含まない。

（注３） 介護費は，平成年度（平成年５月～平成年４月審査分（平成30年４月～平成31年３月サービス提供分)。

【主なサービス名称とその機能】

老人福祉施設	通称特別養護老人ホーム。常時介護が必要で，自宅での生活が困難な高齢者が入所し，食事，入浴，排泄などの日常生活の世話を受ける施設。
介護老人保健施設	通称老健。病状が安定している人が自宅へ戻れるよう，リハビリを中心としたケアを行う施設。医学的な管理のもとで，日常生活の介護や機能訓練を受けることができる。急性期の治療が終わり，長期の療養を必要とする高齢者のための施設。
介護療養型医療施設	医療，看護，介護を受けることができる。
訪問介護	食事や排泄，入浴，衣類の着脱，通院介助などの「身体介護」と，掃除，洗濯，買い物などの「生活援助」を受けることができるサービス。
通所介護	通称デイサービス。日帰りで通所し，入浴や食事，健康維持や機能訓練などの活動を行うサービス。
訪問看護	看護師や保健師などが利用者の自宅を訪問し，医師の指示のもと，療養上のお世話や医療処置をおこなうサービス。
訪問リハビリテーション	理学療法士や作業療法士が利用者の自宅を訪問し，医師の指示にもとづいて，理学療法や作業療法などのリハビリテーションをおこなうサービス。
認知症対応型共同生活介護	通称グループホーム。要介護者のうち，中程度までの認知症高齢者の共同生活を支援するサービス。
特定施設入居者生活介護	介護保険の指定を受けた有料老人ホーム等に入所している要介護者又は要支援者に対し，入浴や排泄，食事，機能訓練や療養上のお世話などをおこなうサービス。
通所リハビリテーション	通称デイケア。日帰りで通所し，理学療法士や作業療法士などにより，リハビリテーションを受けるサービス。
福祉用具貸与	要介護者や要支援者が自立した生活を送れるように，車椅子や特殊ベッドなど12種目の福祉用具をレンタルするサービス。

【よく使われる介護用語】

ケアマネ	介護支援専門員のことです。ケアマネージャーと表記されることもありますが誤りですので正しく表記してください。ケアマネージャーは，利用者やご家族から相談を受けたり，ケアプランをさくせいしたりします。そのほか，関係諸機関との連絡や調整を行います。
管理者	介護事業所のトップである施設長や責任者のことです。法令により特別養護老人ホームのトップは施設長となります。その他，介護老人保健施設や在宅介護サービスの場合には」それぞれの法令で管理者としています。なお，実際の呼称は事業所が独自に決められますので，例えばホーム長などと呼ぶ場合もあります。
相談員	利用者や家族に対して相談援助を行う職種です。また，利用者やその家族と介護職員などの間に入って調整を行います。この職種につくには，社会福祉士や社会福祉主事任用資格が必要ですが，同等以上の能力を有すると認められた者でも就く事ことが出来ます。
地域包括システム	高齢者の尊厳の保持と自立生活の支援の目的のもと，可能なかぎり住み慣れた地域で自分らしい暮らしを人生の最後まで続けることができるように，地域にある様々なアサービスや人々の協力をできる，包括的な支援・サービス提供体制のことをいいます。医療と介護の連携も地域包括ケアシステムの一部です。
サ責	サービス提供責任者のことです。訪問介護事業所で，訪問介護サービスの実施計画をたて，ヘルパー職員を指導管理する職種です。資格は介護福祉士とされています。

【参考文献】

吉田輝美 『感情労働としての介護労働』旬報社，2014年。
石田　淳 『「辞めさせない」マネジメント』PHPビジネス新書，2015年。
渡辺充彦・竹重俊文他 『医療・社会福祉法人経営改革の教科書』日本実業出版社，2016年。
坂本光司 『人を大切にする経営学講座』PHP研究所，2017年。
坂本光司＆坂本研究室 『日本のいい会社』ミネルヴァ書房，2017年。
川越雄一 『欲しい人材がグッとくる求人・面接・採用のかくし味』労働調査会，2018年。
近藤宣之 『社員に任せるから会社は進化する』PHP研究所，2018年。
白潟俊朗 『知らない人を採ってはいけない』KADOKAWA，2019年。
森　一成・渡邊　祐 『介護経営イノベーション』総合法令出版，2019年。

著者紹介

林　正人（はやし　まさと）
社会保険労務士。社会保険労務士法人ヒューマンスキルコンサルティング代表社員，「人を大切にする経営学会」会員。
慶応義塾大学法学部卒業。法政大学大学院　政策創造科　修士課程修了。
大学卒業後，企画，営業，人事労務などの仕事に携わり，その後，子会社の社長として経営者の経験も積む。2012年社会保険労務士として独立。独立後は介護・福祉・医療に特化した社労士事務所として，労務管理だけでなく，人財の育成と組織活性化のコンサルティング支援を主要業務としている。各地の社会福祉協議会，商工会議所等での講演やセミナー・研修は年間60回を超える。

メールアドレス　mh 591008@crest.ocn.ne.jp

著者との契約により検印省略

令和２年９月１日　初版第１刷発行

社労士が書いた
介護「人財」の採用・育成・定着のための職場作り
～コンサルティング支援の実践～

著　者　林　正人
発行者　大坪克行
印刷所　有限会社山吹印刷所
製本所　株式会社三森製本所

発行所　〒161-0033 東京都新宿区下落合２丁目５番13号　株式会社 税務経理協会
振替 00190-2-187408　電話 (03)3953-3301（編集部）
FAX (03)3565-3391　(03)3953-3325（営業部）
URL http://www.zeikei.co.jp/
乱丁・落丁の場合は，お取替えいたします。

ISBN978-4-419-06735-9 C3034